会社を辞めたいと思った時に読む
セカンドキャリアの見つけ方

2nd.Carer

木村 勝 著

ビジネス教育出版社

はじめに
～キャリアの悩みの背景に常に隠れている「会社を辞めたい」～

キャリア不安の時代

□「3年前に入社した20代の若手が退職し、また職場の最若手になってしまった。現時点でもすでにキャパオーバーなのに、さらに退職した若手がやっていた仕事もそのまま自分に引き継がれ負荷がさらに高くなった。いつまでたっても下積み仕事で専門スキルも積みあがらない。キャリアパスも見えずこの職場にずっといてよいものか不安になっている」（30代）

□「コロナも落ち着き、臨時で行っていた在宅勤務が原則出社になった。友人の会社では、コロナに関係なく「出社しない働き方」が会社ポリシーとして働き方のデフォルトになっているという。何のポリシーもなく旧態依然の働き方に戻る今の会社の将来性に疑問を感じてきた」（30代）

□「自分より3年後輩が今回課長に昇格し、もう自分には管理職の芽はないことがはっきりした。人事制度の改定により、管理職に昇格しないと給与もこれ以上も上がらない。より良い条件を求めて転職も考えるが、これといった専門スキルもなく、今の給与水準の維持すら難しいようだ。このまま定年まで今の会社にしがみつくしか道はないのか？」（40代）

□「定年再雇用で契約社員となったシニア社員が職場にいる。若手からは、陰で「働かないおじさん」と呼ばれ、会議にも意図的に外されている。いわゆる〝いじめ〟に近い扱いを受け、本人も辛そうだが、二人のご子息もまだ高校生・大学生、また住宅ローンもあり、何があっても会社にしがみつかないといけない状況だと風の噂で聞いた。自分の15年後の姿を見ているようで本当につらい」（40代）

□「役職定年で管理職を降りることになった。今度の上司は、中途で入社してきた10歳以上若い年下上司。入社直後ということもあるのかもしれないが、タスク志向がきわめて強く年上であろうと容赦ないオーダーによりその達成が要求される。役職も外れ、これからは悠々自適で過ごそうと思っていたが、この歳で年下部下からの容赦ない厳しい叱責はメンタル的にもこたえる」（50代）

□「45歳以上を対象とした早期退職優遇制度の導入が先日公表された。上司からは、「今回の事業構造改革により、残っても今の仕事を続けられるかどうかはわからない、まったく違う畑の仕事に異動することも想定しておいてくれ」と言われている。今なら2年分の退職加算金もつく。この機会に応募するかどうか悩んでいる。募集締め切りまであと2週間を切ったが、家族にもまだ相談できていない」（50代）

□特にやりたいこともないし、周りの同期も再雇用で続けるということから、とりあえず再雇用のレールに乗ってみた。シニアのために無理やり残しているような仕事をあてがわれ、周囲からの期待もまったく感じられない。毎日早く定時にならないか、時計ばかり気にして1日を過ごしている。65歳までは、法律で今の会社に勤務継続は可能であるが、あと4年間この状態で無為に過ごすことが本当にいいことなのか、改めて自分のキャリアに対して疑問が生じてきた（60代）

「会社を辞めたい」はチャンス

「人生100年時代をどのように生きるか」をテーマとしたロンドン・ビジネス・スクール教授リンダ・グラットン博士の「ライフシフト」が日本でもベストセラーとなり、「人生100年・現役80歳」がもはや当たり前という時代になりつつあります。キャリアに関する特集がビジネス誌で組まれることも多くなり、キャリア研修を取り入れる企業も増えてきています。

こうした動きを受けて自らのキャリアに目を向けるサラリーマンも増えてきました。しかしながら、その一方で若手からシニア層まで自分の将来キャリアに関して「見通しがつかない」「何をしたらいいかわからない」とかえって不安を募らせているサラリーマンも増えています。

筆者も本の読者からの依頼でキャリアに関する面談を行うことがありますが、その相談件数はここ数年増加傾向にあります。相談内容は、もちろん人によって千差万別ですが、その背後には、「今の会社を辞めるかどうか」という究極の判断が実は隠されています。

冒頭のサラリーマンが感じるキャリアの不安も「会社を辞めたい」というストレートな言い方はしていませんが、その背後には、「このままでいいのだろうか、今の会社に居続けていいのだろうか」という真の悩みが隠されています。

「会社を辞めたい」に関しては、様々なアンケート調査が行われています。2020年末にディップ株式会社が実施したインターネット調査では、現在働いている仕事に関して「離職を考えたことがある」と回答した人の割合は7割という結果になっています。また、ほぼ同時期の行われた株式会社ビズヒッツ社の調査では、「会社を辞めたいと思ったことがある」という人は約9割という結果です。

筆者も30年間サラリーマン生活を続けてきましたが、自分を含めて「会社を辞めたいと考えたことがない」人に会ったことはありません。逆に「会社を辞めたいと考えたことがない」という人が1割～3割もいる調査結果に意外感を覚えるほどです。

本書では、こうした「会社を辞めたい」という誰もが一度は考えるサラリーマンの永遠の課題にいかに対処し、そしてその思いをいかにしてこれからのセカンドキャリアにつなげていくかという観点で解説を進めていきます。

「会社を辞めたい」はチャンス　これが本書の一貫したテーマです。

本書の構成

第1章では、「会社を辞めたい」という思いに対する〝正しい〟マインドセットを考えます。かつては「会社を辞めたい」と考えること自体が、「弱い」「甘えている」「根性がない」とネガティブに捉えられる傾向がありましたが、時代の変化とともに「会社を辞める」ことに対する認識、キャリアへの影響・効果など大きく変わりつつあります。時代は変わっているのです。

第2章では、「会社を辞めたい」という思いを次のキャリア（セカンドキャリア）の推進力に変えていく方法を解説します。セカンドキャリアに踏み出すためには大きな推進力が必要です。「会社を辞めたい」という思いほど強力なキャリアの推進力はありません。

第3章では、各年代に共通する「会社を辞めたい」と思ったときの対処法を解説しています。「会社を辞めたい」と思ったときには、まずはここに目を通していただければと思います。

第4章では、「会社を辞めたい」という思いをいかに効果的に自分のセカンドキャリアにつなげていくかを年代別に詳しく解説しています。第2章の内容を年代別にさらに深堀しているイメージです。

第5章では、少し視点を変えて、出産・育児など節目となるライフステージごとのセカンドキャリアの考え方を解説します。「キャリアは節目で考える」と言われますが、今まで「会社を辞める」ということを考えていなかった人もこうしたライフイベントの際には、現実的な選択肢として「会社を辞める」がクローズアップされてきます。

「会社を辞めたい」

どの世代でも常に頭をよぎり続けるこの問題ですが、年代によりその悩みの原因も対処法も変わってきます。この問題に対する現実的な対応方法を年代別に示すとともに、「辞め方」だけに焦点を置くのではなく、未来志向で次のキャリアを考える際のキャリアの羅針盤的な役割を果たす本になればと思います。

筆者も30年間サラリーマン生活を続けてきました。その間には、時期により濃淡はありましたが、「会社を辞めたい」という思いは常に頭の中にありました。52歳のとき、一度も転職経験のないまま独立（個人事業主）というキャリアを選びましたが、その際にもキャリアチェンジの大きな推進力になったのが「会社を辞めたい」という思いです。

今、本書を手に取ったあなたが「会社を辞めたい」と思っているのなら、それはチャンスです。現状に違和感を持ち、より自分に合った仕事・働き方を実現しようというエネルギーが湧き上がってきている証拠だからです。「会社を辞めたい」という思いに至るまでにあなたがキャリアについて真剣に考えたエネルギーは莫大です。この「会社を辞めたい」エネルギーを強力な推進力として本書とともに前向きにセカンドキャリアを進めていきましょう！

目次

はじめに……3

第1章 「会社を辞めたい」マインド
あなただけじゃない！ サラリーマンの宿命……19

（1）いつの時代にもどんな人にも降りかかる「会社を辞めたい」マインド……20
① 長期休暇明け直前のネットに殺到するサラリーマンの悲鳴
② 順風満帆に見えるキャリアチェンジ成功者もそのきっかけは、「会社を辞めたい」

（2）絶妙なカレンダー配置によるサラリーマンの「ゆでガエル」化……24
① イヤだイヤだと年を重ねているうちに、気がつけば定年に

（3）まだまだ残る「会社を辞める」＝「裏切り者」意識……26

（4）コロナ禍で変わったサラリーマンのキャリアに関する意識……28
① テレワークがもたらした「会社を辞めたい」への影響
② 大きく変わった若い世代のキャリア観（新卒の半分は転職サイトに登録済）

(5) 変わりつつある企業の意識～出戻り社員を戦力化～……32
① 増えつつある出戻り歓迎企業
② 働き方に関する制度・意識の変化

第2章 「会社を辞めたい」をセカンドキャリア推進力に変換する方法

……41
(1) セカンドキャリア推進には強力なエンジンが必要……42
① 日本のサラリーマンにとってまだまだハードルが高いセカンドキャリアチャレンジ
② 「会社を辞めたい」という思いほど強力な推進力を持つエネルギーはない
(2) 時代は変わった！かつてのキャリアの常識は今や非常識
～あえて、従来の「終身雇用制」で良かれと思われていた行動の逆の行動を考える～……48
① どんどん短くなる会社の寿命
② 大企業に入社すれば一生安泰はもはや幻想
③ 社会的にも要請されているキャリアチェンジの必要性
④ 今までのキャリアの常識とこれからのキャリアの常識を比較する
⑤ あなたは「井の中の蛙」になっていませんか？

⑥「会社を辞めたい」から発生しがちなキャリアのリスク～安易に「ジョブホッパー」(短い期間で転職を繰り返す人)にならないためのポイント～
⑦セカンドキャリアに踏み出すために必要な3つの「見える化」 3つの見える化とは?

第3章 「辞めたい」と思った時はまずここを読む ～各世代共通キャリアチェンジの大原則

69

(1)「会社を辞めたい」の予兆 70
(2)「会社を辞めたい」を外部目線で冷静に分析する 72
①「会社を辞める・辞めない」を判断するための公理(絶対基準)
②様々な角度からあなたの「会社を辞めたい」を冷静に分析する
③「会社を辞める/辞めない」マトリックス
④Pros&Cons(メリット・デメリット表)で徹底的に考える
⑤日頃から想定外シュミレーションを行っておく(想定外を想定内にしておく)
⑥「If-Then」プランニングの応用「こうなったらこう行動する」
⑦「今すぐ辞めたい」場合の対処法　人事のプロが解説する「会社を辞める」
⑧1年後に退職日を設定し、その前提で準備を徹底的に進める

⑨ どの世代でもまず実行！〜「転職サイト」に登録して今吹いているキャリアの風を直接感じる〜
⑩「辞めたい」をエネルギーとして会社以外の居場所をつくる
⑪「会社を辞める時のチェックリスト」によるファイナルチェック

第4章 各年代別「会社を辞めたい」マインドの活かし方（30代）

……101

(1) 30代の「会社を辞めたい」……102
① 「35歳転職限界説」は本当か？
② 30代という時代の特徴
③ 今いる業種の特徴は？
④ セカンドキャリアの羅針盤「キャリアデザインマップ」を作成する
⑤ 労働市場での自分の市場価値を常にウォッチしておくことは30代ではもはや基本動作
⑥ 30代は重層的に役割が増えていく時期（ライフキャリアレインボーの考え方）
⑦ やはり30代は踏ん張りどころ、あえて積んでおきたい「修羅場」経験
⑧ 資格を取るならこの時期

⑨ 目の前の仕事を「ロクゲン主義」で徹底的に究める
⑩ 30代は実績を積み上げる時期
⑪ 30代独身時代は、シェアハウスに住んでみることも考えてみる（かっての独身寮を再現する）
⑫ 社内ボランティアなどに積極的に参画するのも30代がベスト
⑬ 30代だからこそできること

第5章 各年代別「会社を辞めたい」マインドの活かし方（40代）

各年代別「会社を辞めたい」マインドの活かし方（40代）……129

（1）40代の「会社を辞めたい」……130

① 40代という世代の位置づけ「人生の正午」
② セカンドキャリアとしての転職を考える最後のチャンス
③ 40代からのキャリアチェンジに絶対必要な「家族キャリアマップ」
④「3つのマルチ化」を考える
⑤ 社内業務で忙しいこの時期こそ社外人脈の拡大を意識的に行う
⑥ 組織（会社）の看板を徹底的に使い倒す

⑦ 40代の「想定外」を考え、「想定内」にするための行動をまず取る
⑧ 30代以上に効率的なスキル・知識の取得を心がける
⑨ 今の勤務先を冷静に分析（ケーススタディとして）する

第6章 各年代別「会社を辞めたい」マインドの活かし方（50代）……155

（1）50代の「会社を辞めたい」……156
① 人生100年時代の折り返し　セカンドキャリアが現実問題となる世代
② 30代・40代に比較すると転職という選択肢が厳しくなることはよく理解しておく必要がある
③ 50代の対応が後半キャリアを決める
④ 50代特有のキャリアの節目をスルーしない
⑤ 50代からは働いて得られる「報酬」に関する考え方を変える
⑥ 50代からは、雇用以外の選択肢を現実的なスコープに入れる
⑦「独立」と「起業」は別物と考える
⑧「独立」がこれからの働き方として有望な訳

⑨ 企業でも始まっている積極的な個人事業主活用
⑩ 「辞めたい」と思ったら背水の陣をひいて1年以内に3万円ビジネスを立ち上げてみる
⑪ 50代からセカンドキャリアを考える際の留意事項

第7章 各年代別「会社を辞めたい」マインドの活かし方（60代）

……185

(1) 60代の「会社を辞めたい」……186

① 65～69歳の50．3％が働く時代
② 人生60歳以降が実は長い！
③ 60代では優先順位をつけて動くことがより重要な時期
④ 60代での家計の変化
⑤ 60代のアドバンテージ
⑥ 60代からのセカンドキャリア推進のポイント
⑦ 60代からのセカンドキャリアは「自分の得意なこと」「自分がやりたいこと」が基本
⑧ 60代からのセカンドキャリアの留意したいこと
⑨ 60代は誰もが「会社を辞める」時期

第8章　節目となるライフステージ・イベントごとのセカンドキャリアの考え方……205

(1)　年代とは関係なく起きる想定外のキャリアイベントの捉え方……206

①　想定外のイベント遭遇は願ってもないチャンスと考える
②　長いキャリアの歩みの中で訪れる様々なキャリアの節目
③　キャリアの節目は「変身資産」獲得の大チャンス
④　貴重なエクスプローラーとしての経験が積める時期
⑤　節目となるキャリアイベント最中での行動スタンス
⑥　筆者がキャリアの節目で取り組んだこと
⑦　すべての経験に無駄な経験などはないという事実

あとがき……226

第1章

「会社を辞めたい」マインド

あなただけじゃない！　サラリーマンの宿命

いつの時代にもどんな人にも降りかかる「会社を辞めたい」マインド

長期休暇明け直前のネットに殺到するサラリーマンの悲鳴

年末年始休暇やゴールデンウィーク明け直前のネット上には、サラリーマンによる悲鳴にも似た「会社に行きたくない」という怨嗟《えんさ》の声が殺到します。「明日から出社だから早く寝ないとダメだ」と頭では思いながらも、朝が来ることをできるだけ先延ばししたいという思いから、ついつい夜遅くまでだらだらYouTubeを見てしまった。こうした行動に思い当たる読者の皆様も多いのではないでしょうか。

特に長期休暇明けの夜に、真っ黒に日焼けしてハワイから帰ってきたサラリーマンが「充実した休暇を過ごしてきました」などというニュースインタビューを見るともうダメです。「自分は何もしないまま休みが終わってしまった」とさらに気分は落ち込みます。

どうにか会社に行かなくてすむ方法はないかと考える人もおり、ネット上には**「自分の会社だけに隕石が落ちてくれないかなぁ」**など現実逃避的な数多くのコメントも投稿されています。

サラリーマン時代を振り返ると、「仕事がつまらない」「職場の雰囲気が悪い」といったネガティブな感情が20回起こると、それが「会社に行きたくない」という感情に変わってきます。そして、「会社に行きたくない」感情が短期間のうちに20回続くと最終的に「会社を辞めたい」という思いに変わるというのが、筆者が体験的に考える**「会社を辞めたい方程式」**です。

若手の皆さんから見ると、40代・50代というミドルシニアサラリーマンは、そうした思いをすでに払拭しているのでは？と見えるかもしれませんが、そんなことはありません。

筆者も30年間サラリーマンを続けてきましたが、新入社員時代のみならずサラリーマンを辞める52歳まで常に「会社に行きたくない」という思いに毎週とらわれていたというのが正直なところです。「どうして自分はこうも会社に行きたくないだろう、他の人に比べてメンタルが弱いのだな」と自責の念に駆られることも多々ありました。

順風満帆に見えるキャリアチェンジ成功者もそのきっかけは、「会社を辞めたい」

筆者は、52歳でサラリーマンを卒業しインディペンデントコントラクター（IC＝個人業務請負人）として独立しました。そのため、サラリーマンを卒業して自分で事業を立ち上げるなど順調に新たなセカンドキャリアを歩んでいる起業家や個人事業主とのお付き合いも多いです。

自ら独立起業の道を選んだ人たちですので「長年温めてきたやりたいことがあり、その夢をかなえたいというポジティブな動機でセカンドキャリアに踏み出しているの

会社を辞めたい方程式

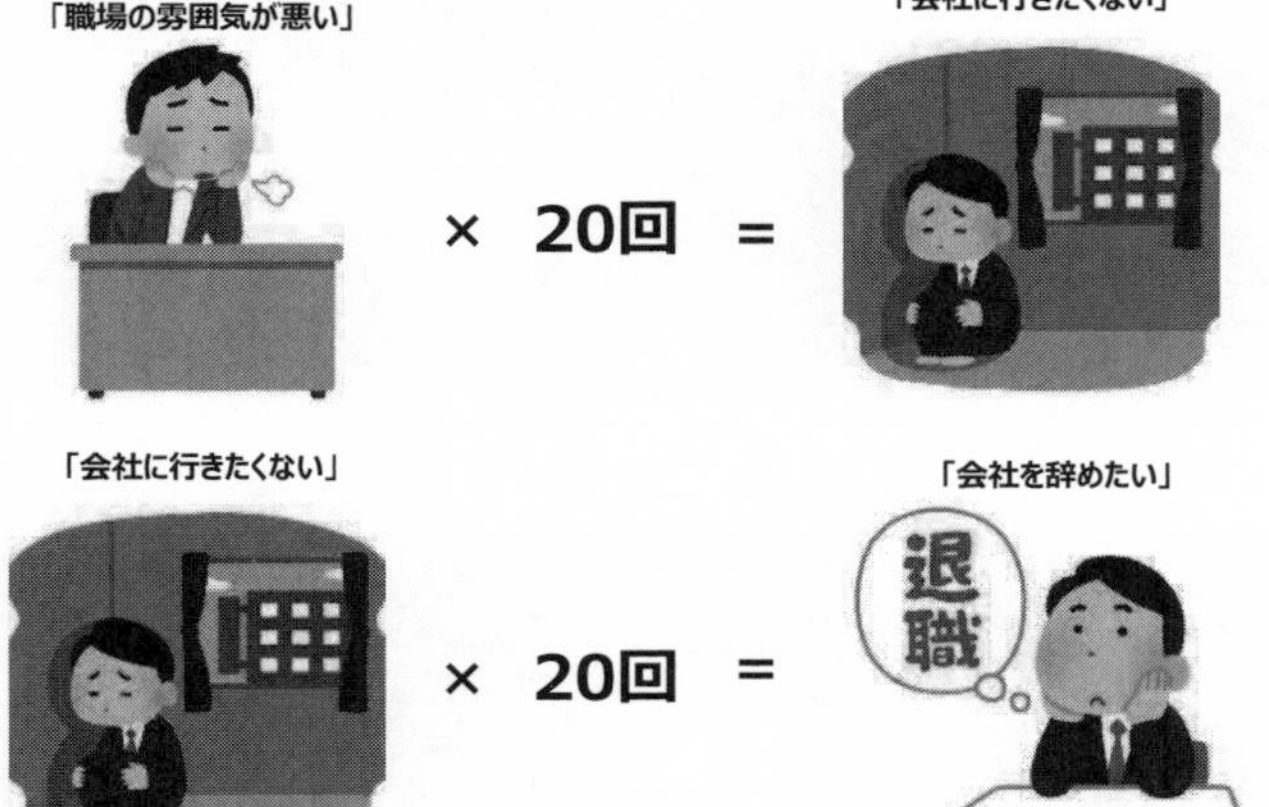
「仕事がつまらない」
「職場の雰囲気が悪い」
× 20回 =
「会社に行きたくない」
「会社に行きたくない」
× 20回 =
「会社を辞めたい」
退職

だろうな」と思っていましたが、酔っぱらって話をしていくと本音が出てきます。もちろんやりたいことがあったという人もいますが、ほとんどの方が「勤めていた会社がいやになった」「会社を辞めたい」という思いをきっかけにセカンドキャリアに踏み出しています。

筆者の場合もそうです。勤務していた会社が想定外のM＆Aにより外資系企業に買収され、「英語の苦手な自分はこのままこの会社に長くは勤めていられないな」とのネガティブな思いから会社を辞めました。多くのケースでセカンドキャリアを踏み出す直接的なきっかけは、「今の会社を辞めたい」という思いから始まっていると言っても過言ではありません。

絶妙なカレンダー配置による
サラリーマンの「ゆでガエル」化

イヤだイヤだと年を重ねているうちに、気がつけば定年に

会社のカレンダー設定は絶妙です。週休二日制と年の途中にある長期休暇（年末年始&ゴールデンウィーク、お盆休み）が先ほどの**「会社を辞めたい方程式」**の成立をぎりぎりで防いでいます。

毎週日曜日夜を迎えると「会社に行きたくない」という思いが極大値になりますが、重い体を引きずりながら、どうにか月曜日会社に出てしまうと、それなりの忙しさもあり惰性で金曜日までどうにかたどり着きます。週末にエネルギーをチャージしますが、日曜日の夜には、いつものように「会社に行きたくない」サイクルに入ります。

このサイクルを繰り返しているうち、「もうダメだ」と耐えきれなくなるタイミングが

やってくるのですが、この限界ギリギリの絶妙なタイミングで年末年始、ゴールデンウィークなどの長期休暇が設定されています。

長期休暇を利用した旅行などで気分転換を図り、次の長期休暇までたどり着くためのエネルギーを再チャージ。そして、この長期休暇でチャージしたエネルギーを次の長期休暇まで少しずつ使いながらどうにかサラリーマン生活を続けているというサラリーマンの方も多いのではないでしょうか。

このサイクルが崩れると要注意です。土日も休めずに休日出勤を強いられたり、長期休暇期間中も出社を強いられたりすると次の週や次の長期休暇まで到達するだけのエネルギーがチャージできずに、メンタル不全になったり、本当に会社に行けなくなります。

また、注意しなければならないのは、年代が高くなるにつれ、現状維持志向が強くなり、「会社を辞めたい」という感情に気がつかなかったり、あえて考えないようにしたりする傾向が強くなることです。

「会社を辞めたい」という思いは、**自分自身が心のうちから発信する健全な危機感**です。このアラームを見逃してはいけません。次章以降で説明させていただきますが、こうした**アラームに蓋をするのではなく、貴重な情報としてセカンドキャリア推進のパワーにして**

いくことが自律的キャリアデザインのポイントです。実際には発せられている**アラームを抑え込んでいくと、無意識のうちにネガティブな思いが澱《おり》のように沈殿し、キャリアに関して新たな行動が取れなくなります。**

「人生１００年・現役80歳時代」、自分のキャリアは自分で決める時代になっています。状況は刻々と変化しているにもかかわらず、現状維持を好み、環境変化を受け入れないスタンスでは、キャリアに関して「ゆでガエル状態」になってしまいます。

「このまま安泰に会社員生活を終えられる」「まだ大丈夫だろう」とぬるま湯気分でいるうち、対応できなくなるほどに問題が悪化し、気づかないうちに「働かないおじさん」のレッテルを貼られるシニアになってしまいます。

まだまだ残る「会社を辞める」＝「裏切り者」意識

新卒一括入社で大企業に入り、一度も転職経験のない方にとって、「会社を辞める」ことへのハードルは、依然と高いものがあります。今でも「会社を辞めたい」というと、「甘えている」「根性がない」「踏ん張りが足りない」「仕事に真正面に向き合わない弱者」というレッテルを貼る会社もあります。

「これといった専門領域もないのに辞めたら大変なことになるぞ」「この歳からキャリアチェンジをしても失敗する。以前辞めた○○も苦労しているらしいと噂で聞いた」「隣の芝は青く見えるものだよ。うちの会社ほどいい会社はない」など本人はキャリアチェンジ経験がないにもかかわらず、根拠のない引き止めを行う上司、同僚もいます。

極端な例では、会社の調子が悪い時期に会社を辞めた人に対して「みんなが頑張っているのに一人だけ逃げた」「仕事を放り投げた無責任なやつ」「二度と敷居を跨がせない」など〝極悪人〟扱いされるケースもいまだにないわけではありません。

こうした会社にいるとどうしても「会社を辞めること」を「自分が悪い」と考えがちになります。こうした**自責の念は、せっかくのセカンドキャリア踏み出しのチャンスを負のエネルギーに変えかねません**。今の会社が「会社を辞めること」に対してネガティブな雰囲気があり、実際に退職者も少ない「昔ながらの昭和的テイスト」の会社におられる方は、会社を辞めることに対して強いネガティブなバイアスがかかっています。ご自身や会社の常識を鵜呑みにすることなくニュートラルな視点で「会社を辞めること」を考える必要があります。

コロナ禍で変わったサラリーマンのキャリアに関する意識

テレワークがもたらした「会社を辞めたい」への影響

今回のコロナ禍は、多くのサラリーマンにとってこれからの自分自身の働き方を改めて考え直す大きなきっかけになりました。日経によるアンケート調査（「転職への関心が高まった」6割に　コロナ禍で急上昇ビジネスパーソン700人調査（上）2020年9月12日　日経電子版）を見るとコロナ禍を経験し、約6割が「転職への関心が高まった」と答えています。

この傾向は、若手だけではなく、ミドルシニア層もキャリアに関して大きく考えが変わったという調査結果が出ています。例えば、２０２１年４月から６月にエン・ジャパンが実施した35～59歳のミドル世代を対象にした調査でも55％が「新型コロナウイルス禍で転職意欲が高まった」と回答しています、

こうした意識の変化にはテレワークの影響があります。テレワークを経験したサラリーマンは、一日中フル稼働していたと思い込んでいた自分の仕事時間の中にかなりの隙間時間が存在することや朝夕の通勤時間の無意味さに気がつきました。こうした実質的に増えた可処分時間を自分の生き方・将来の方向性を探る内省の時間やこれからのキャリアチェンジのためのリカレント（学び直し）の時間に使うサラリーマンが増えていることが先ほどの調査結果の背景にあると推察されます。

「会社を辞めたい」というマインドに関していうと、「通勤ラッシュ無しの働き方」→「ますます強くなる会社へ行って働くことへの嫌悪感・億劫感」→「会社に行かずテレワークで働きたい」→「テレワークで働ける会社に転職したい」という流れです。

また、テレワークにより、「場を同じにする経験が少なくなる」→「仕事の外の付き合い（飲み会・イベント）の減少」→「会社への帰属意識の希薄化」という流れからも転職という行動に繋がってきます。

大きく変わった若い世代のキャリア観（新卒の半分は転職サイトに登録済）

コロナ禍以前から若手の就労意識の変化は進んでいます。そのことを指し示す調査は、数多くありますが、ここではその中から2つの調査結果をご紹介したいと思います。

まずは、1つ目の調査は、日本能率協会が2019年度の入社半年・2年目の若手社員に行った意識調査です。超若手社員の職場や仕事内容に対する考え、現状の満足度を探るための調査ですが、結果は次の通りになっています。

□約半数が転職を検討・活動中で、転職サイトにも登録済み。定年まで勤めるつもりの社員でも6割が転職サイトに登録済み
□約3割が「副業・兼業している」と回答。定年まで勤めるつもりの社員のほうが実施率約5割と高い
□副業・兼業に興味がある／行っている理由は、「収入を上げるため」が多数

すでに若手は、「転職前提」で自らのキャリアをしたたかに考えているのです。

もう1つ調査結果をご紹介します。日本生産性本部が1969年から実施している「新入社員の働くことの意識」という調査からは、時代とともに変化した就労観が読み取れます。例えば、「働く目的」という質問に関しては、19年のトップは「楽しい生活がしたい」で約40%。かつてはトップだった「自分の能力をためす」は長期にわたって減り続け、10%と過去最低を更新しています。

筆者も大学でキャリア教育の授業を担当する中で、学生から受ける印象もこの調査結果に合致しています。長年1つの会社で働き続けた親世代の長時間労働や

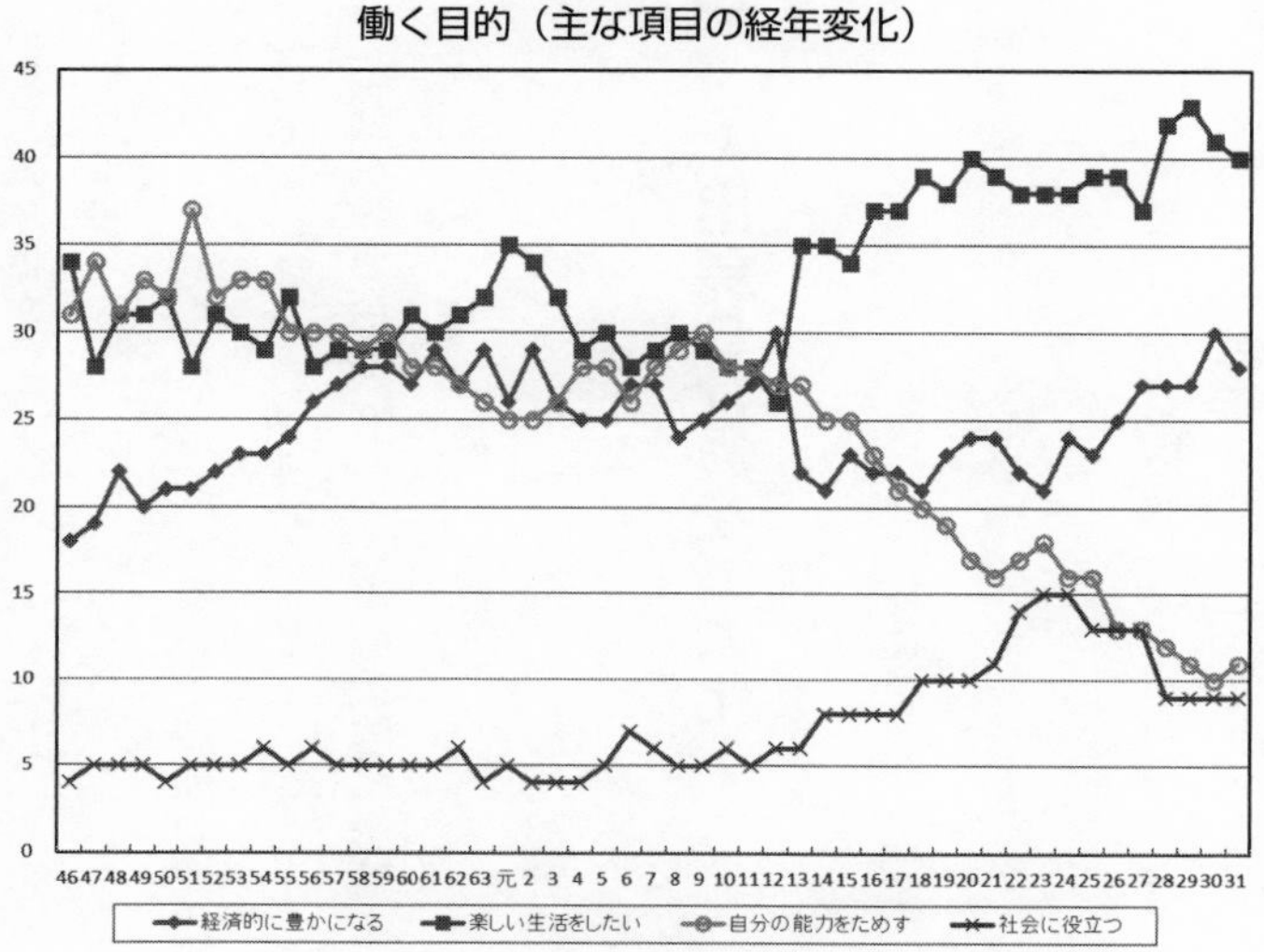

伸び悩む待遇が反面教師となり、自分は納得のいく効率的な仕事を選びたいという傾向がこうした調査結果に出ているのではないかと推察します。

若手の時代の変化への感覚は敏感ですので、こうした働くことに関する若手意識の変化は、ミドルシニアにとって、実は先行指標として参考にすべき情報なのかもしれません。将来の企業活動の担い手となる若手の考え方がこれからの企業経営・人事施策等に影響を及ぼすことは間違いありません。

変わりつつある企業の意識　～出戻り社員を戦力化～

増えつつある出戻り歓迎企業

先ほど「会社を辞める」＝「裏切り者」とみなす企業の存在を指摘しましたが、一方でそれとは逆の動きも進んでいます。「一度会社を辞めた人」を積極的に元の会社が受け入れる動きです。

日経ビジネス（２０１８年10月29日号）では、『増える「出戻り」社員』という特集を組んでいます。「出戻り社員」とは、入社した会社を退職してから、その後、復帰する社員のことです。配偶者に帯同して海外赴任する際の退職や育児介護などに限定して復帰を認める企業は従来からありましたが、最近では、転職や進学などの自己都合退職者も受け入れ、**〝超即戦力〟**として活用する企業も増えてきています。

人材サービスのエン・ジャパンが全国６６１社の人事担当者を対象に実施した調査（２０１８年）では、「一度退職した社員を再雇用したことがある」と回答した企業は72％に達しています。大手企業でいうとパナソニックが出戻り社員を積極的に受け入れています。役員レベルになりますが、かつてのＯＢで日本マイクロソフトの会長からパナソニック役員として復帰した樋口泰行氏の「出戻り」は話題になりました。

大企業も「アルムナイ・ネットワーク」に注目し始めています。「アルムナイ・ネットワーク」とは英語で「卒業者人脈」を意味します。中途退職した元社員と企業が交流する組織です。

転職が珍しくなくなり専門人材の不足も強まるなか、元社員の再入社や協業につなげる狙いで、ＩＨＩや住友商事では、こうしたネットワークをすでに立ち上げています。元社員の組織化を支援するサービスも急拡大しており、**「会社を辞める＝裏切り者」**の構図もどんどん崩れつつあります。

こうした動きも「会社を辞めること」がイレギュラーなことではなく、ごく普通のキャリアイベントになっていくことを示しています。

働き方に関する制度・意識の変化

「会社を辞めること」に影響を与える制度・意識の変化は、まだまだあります。

❶メンバーシップ型からジョブ型雇用へ

日立製作所や富士通、ＫＤＤＩなどの企業で導入が進んでいるのがジョブ型雇用です。ざっくり言うと、ジョブ型が「役割に人をつける」のに対し、メンバーシップ型は「人に仕事をつける」制度と考えればわかりやすいと思います。

２０２２年の春季労使交渉に臨む経営側の方針（経営経営労働政策特別委員会報告）の中でも、主体的なキャリア形成を望む働き手にとってジョブ型雇用が「魅力的な制度となり得る」と評価されており、今後導入を検討する企業も増えることが予想されます。

実際、日立製作所では２０２４年度までに職務内容に応じて人材を起用する「ジョブ型雇用」を国内外の全グループ会社37万人に適用することを発表しています。導入の狙いの1つには、世界の37万人が同じ雇用体系で働くようにし日本特有の年功序列色の強い雇用体系を是正することがあります。

下図はジョブ型とメンバーシップ型を概念的に示しています。メンバーシップ型の場合、次ページの図で示したように辞めた人の仕事は、残った人に割り当てられることになります。この場合、「自分が辞めると残った人に迷惑がかる」と思い、会社を辞めることを躊躇する〝真面目〟な人も出てきます。ジョブ型を取り入れる企業が増えるにつれ、そうした日本独自の「会社を辞めること」にストップをかける要因も無くなっていくものと思います。

メンバーシップ型とジョブ型

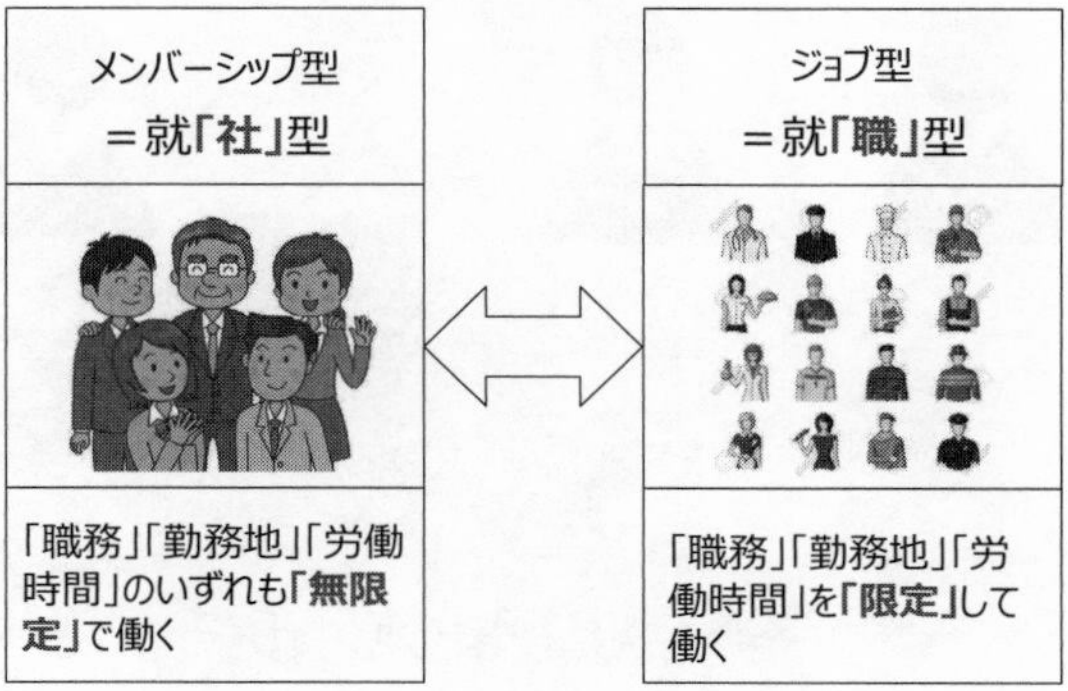
メンバーシップ型
＝就「社」型
「職務」「勤務地」「労働時間」のいずれも「無限定」で働く
ジョブ型
＝就「職」型
「職務」「勤務地」「労働時間」を「限定」して働く

❷兼業・副業の解禁

兼業・副業の解禁も「会社を辞めること」に対して影響を与えます。従来は、兼業・副業などもってのほかであり、わき見をせずに自分の今いる会社に滅私奉公することが当たり前でした。それが今は国が兼業・副業を推進しています。国としては、雇用の流動性を高め、産業間の需給アンバランスの解消、その結果としての生産性向上を考えての施策ですが、いずれにしても兼業・副業が進むにつれて、「一社で滅私奉公」という圧力は弱くなります。

従来は、企業へのエンゲージメントを求められましたが、これからは、**仕事へのエンゲージメント**が求められるようになっています。

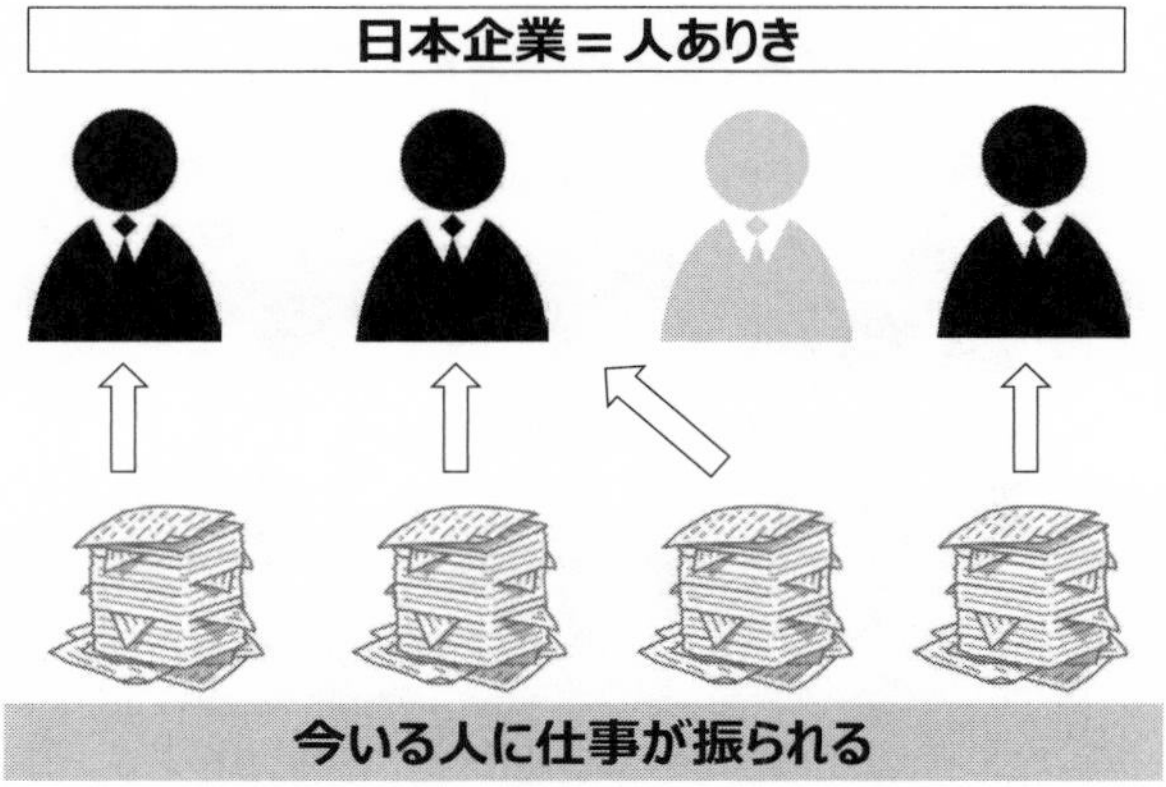

日本企業＝人ありき
今いる人に仕事が振られる

❸ミドルシニア層（45歳以上）を狙い撃ちした早期退職優遇制度の導入

東京商工リサーチによると、早期退職や希望退職の募集を開示した上場企業数は2021年には84社にも達しています。この中にはホンダ（2000人以上が応募）、パナソニック（1000人以上が応募）といった日本を代表するなだたる企業が含まれています。84社のうち69社は募集人数も公表していますが、その数は計1万5892人にも達しています。

こうした動きは、実はコロナ前の2019年から始まっています。最近の早期退職で特徴的なことは、直近決算の最終損益が黒字で、業績が堅調なうちに人員構成を見直す先行型の「黒字リストラ」が相次いでいることです。

急激な事業環境の変化に対応すべく新たな組織戦略に合致する人材への入れ替えを目的とする企業もあれば、バブル入社世代や団塊ジュニアなどボリュームゾーンのシニア社員を対象に、モチベーションダウンなどの問題が表出する前に退出させることを狙いとする企業もあります。

自分の会社の業績が安泰だからと言って安心はできません。従来のような企業業績悪化に伴う緊急避難的な早期退職優遇制度実施だけでなく、「黒字リストラ」的な導入が増えていることには、注意しておく必要があります。

どのような目的で実施されるにせよ、**早期退職制度の導入は、社員に対しては退職へのハードルを下げる方向に働きます。**ミドルシニアにとっては、まさに「会社を辞める」という選択肢が現実のものとして眼前に突き付けられることになります（もちろん希望退職ですので、本人が同意しないと成立はしませんが、会社が裏で想定するターゲット層に該当した場合には、かなり強い応募の勧めが上司からあるのが通常です）。

今まで会社に忠誠を尽くしてきた会社人間にとって、これは大きな衝撃です。また、早期退職は、その当事者である45歳以上にミドルシニアだけの問題に留まりません。制度を利用して早々と企業を退出する先輩の姿を見た若手社員にも「明日は我が身」と会社を辞めるハードルを下げる方向に作用します。

筆者も本の読者からの依頼で早期退職に関する相談を受けることがあります。大企業出身者であれば、転職経験がまったくない、今回が初めてのキャリアチェンジとなるサラリーマンが多いのですが、こうした動きに触れるたびにひとつの会社で定年まで働く時代が現実として過ぎ去ろうとしていることを痛切に実感します。

以上、「会社を辞める」ことに対する従来の捉え方（&そう考えてきた理由・背景）や、時代の変化に伴い「会社を辞める」ことに対する見方も変わりつつあること、について解説してきました。次章では、「会社を辞めたい」をセカンドキャリア推進力に変換していく方法を考えていきます。

第2章

「会社を辞めたい」をセカンドキャリア推進力に変換する方法

セカンドキャリア推進には強力なエンジンが必要

日本のサラリーマンにとってまだまだハードルが高いセカンドキャリアチャレンジ

第1章で転職を前提に会社に入社してくる新入社員のキャリア意識の変化を取り上げましたが、新卒一括入社のもと入社してきた多くのミドルシニアサラリーマン（本書では40歳以上のサラリーマンをミドルシニアサラリーマンと定義します）にとってセカンドキャリアチャレンジはまだまだハードルが高いものがあります。

入社後は、同期横並びで受講する新入社員研修を手始めに3年目研修、主任研修、課長前研修と段階を踏んだ手厚い層別研修を受けていきます。こうした研修では、新卒で入社した今の会社でいかにキャリアを積み上げていくかに教育の焦点が当てられています。知らないうちにキャリアは今の会社で積み上げていくものというマインドが植え付けられていきます。

こうした研修を受けてきたミドルシニア層にとっては、(大げさではなく)まだまだ自分でキャリアを変えることは「清水の舞台から飛び降りる」覚悟が必要です。大企業ほどこうした層別教育が精緻に組み込まれていますので、ご自身が大企業に勤めている場合には、セカンドキャリアの踏み出しに関しては、**高いハードルが無意識のうちにセットされている**ことを意識しておく必要があります。

また、年齢が上がるほどセカンドキャリアへの踏み出しのハードルは高くなります。30代までは、自分だけのキャリアを考えておけばいいですが、40代になると結婚に伴いパートナー(配偶者)という役割や親という役割も付加されてきます。30代のように**自分の事情だけではキャリアを考えていけなくなる**のです。

また、新卒で正規従業員として入社したサラリーマンの場合、今なお20代より30代、30代より40代の給与が高いという年功的賃金の〝恩恵〟をまだ受けています。専門性を持たずに一社専従型キャリアを歩んできたサラリーマンほど年齢が上がるにつれ、キャリアを変えることによる収入面でのダウンリスクが大きくなります。

「会社を辞めたい」という思いほど強力な推進力を持つエネルギーはない

新聞や雑誌の特集で現在組織のトップとして活躍する経営者の若手時代を紹介する記事をよく見ることがあります。多くの場合で、若手時代にはキャリアについて真剣に悩み、「会社を辞めることを真剣に考えた」「実際に会社を辞めた」ことによって新たなキャリアを切り開いていったことが紹介されています。キャリアチェンジを果たした多くの先人も「会社を辞めたい」からその第一歩は始まっています。次のキャリアを考える際に「会社を辞めたい」という思いほど強い原動力になる力はないのです。

振り返ってみると、筆者の場合も真剣にキャリアに向き合ったのは、「もう今の会社に行きたくない」「今の会

「会社を辞めたい」エネルギーの活用方法

社を辞めたい」と思ったタイミングです。夜も眠れないほど今の仕事・会社について真剣に悩み、頭から湯気が出るほどキャリアについて考えたのもこうしたタイミングです。

こうして沸き上がってきた思いは、セカンドキャリア推進の大きな力になります。その際には、蒸気機関と同じように沸騰した蒸気（辞めたいエネルギー）そのままでは使い物にはならず、**蒸気を前に動かす動力に変えていく**ことが重要です。

以下に「会社を辞めたい」という思いをネガティブからポジティブなエネルギーに変換するためのポイントをまとめておきましょう。

【エネルギー変換のポイント】

①「会社を辞めたい」という思いを妙な罪悪感で捉えない
②まずは熱を冷ます→「辞めたい」思いを黒白の色をつけずにそのまま受け入れつつ、その一方で第三者目線（冷静な目線）を持つ
③「会社を辞めたい」という思いをきっかけに、必ず1つの具体的な行動に落とし込み、確実に実行する

まず①についてですが、心の奥から抑えきれずに沸き上がってきたこうした思いですが、どうしても「自分が弱いから辞めたいと思うのに違いない」「周囲のみんなも頑張っているのに自分は頑張りがまだ足りない」という**“妙な罪悪感”**を感じがちです。沸き上がったせっかくのエネルギーを心の奥に抑え込むことは**負のエネルギーを蓄積することになり、セカンドキャリア推進のブレーキになりかねない**ので要注意です。

次に②についてですが、「会社を辞めたい」と思ったときは、怒り・不安・絶望感など様々な思いが交錯しどうしても冷静さを欠けがちです。こうした時ほど大きく息を吸って冷静な第三者目線を持つことが重要です。キ

「会社を辞めたいマインド」をセカンドキャリア推進力に変える

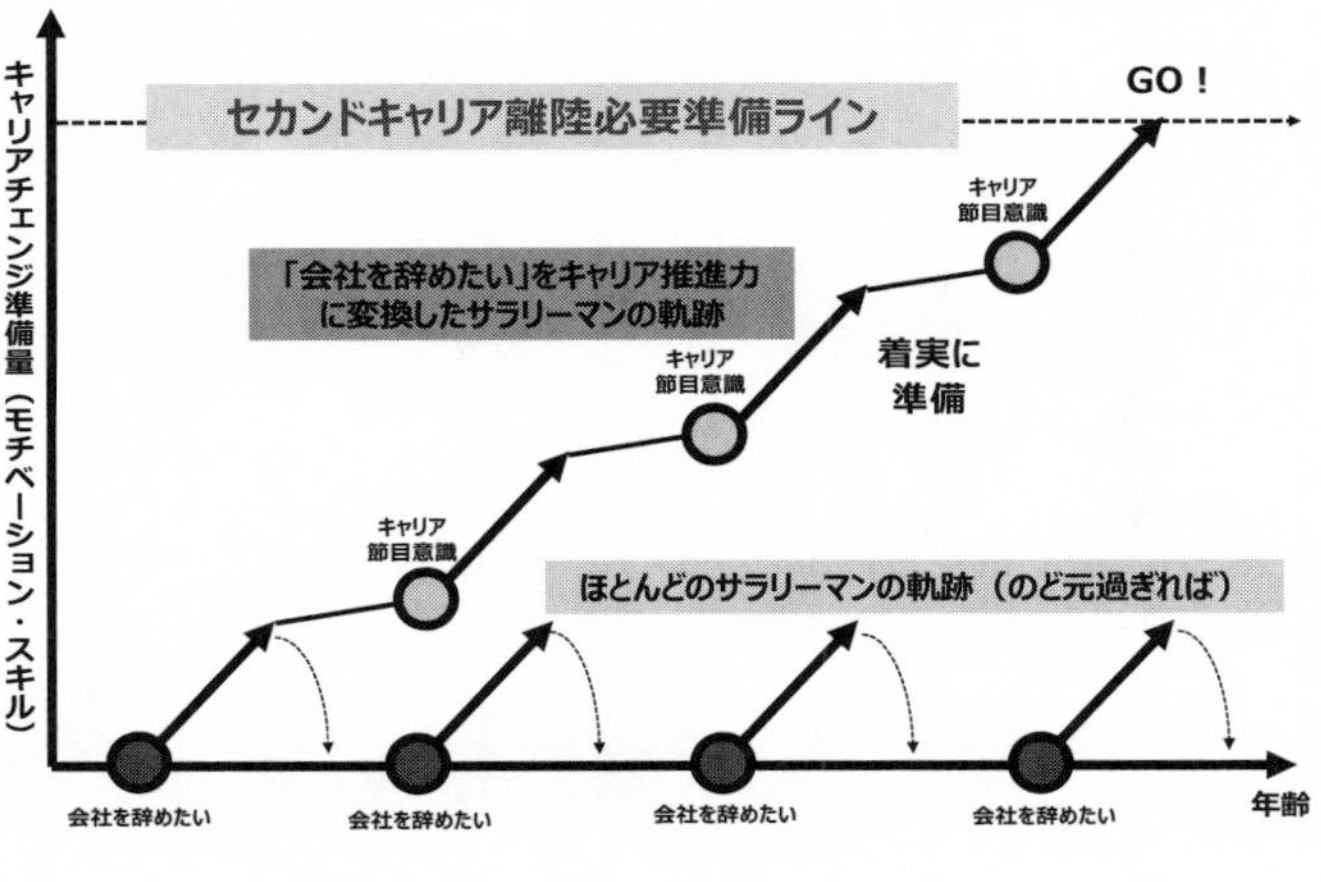

ャリア相談をする場合でも、身近な社内の同僚、上司ではなくではなく客観的に状況を見ることができる利害関係のない**社外の人に相談する**こともポイントになります。

③に関しては、良い意味で自分のキャリアにおける「背水の陣」を敷き、一過性の感情の沸き上がりにとどめることなく、**常に「健全な危機意識」を持ち続ける**ことが重要です。「会社を辞めたい」という思いが沸き上がってきたのは、自分に対して「立ち止まって考えろ」「(その上で)行動を起こせ」というシグナルが出ていることに他なりません。

「会社を辞めたい」をきっかけに「自分のキャリアは自分で決める」という覚悟を持ち、「会社を辞めたい」という思いを強い推進力としてセカンドキャリアにつなげていくこと、「人生100年・現役80歳時代」を生き抜いていくために必須のスタンスです。

時代は変わった！　かつてのキャリアの常識は今や非常識　～あえて、従来の「終身雇用制」で良かれと思われていた行動の逆の行動を考える～

どんどん短くなる会社の寿命

企業の栄枯盛衰のサイクルは、急速に短くなっています。「日経ビジネス」（２０１３・11・４号）の調査を見ると、会社の寿命（会社が旬な時期をある前提のもので計算したものです）が１９８３年の調査では30年だったのに対して、２０１３年時点では、18.07年まで短くなっているという結果が示されています。30年間で12年も短くなっているのです。

２０１３年以降でも２０１５年に国連で持続可能な開発目標（ＳＤＧｓ）が採択されるなど企業を取り巻く環境の変化はますます大きくなっています。私がキャリアの大半を過ごした自動車産業でもガソリンから電気への動力源シフトや自動運転対応など、20世紀初頭に登場したＴ型フォードから１００年を超える時代の総変化量を凌ぐほどの大変革の波がこの10年の間に押し寄せています。この会社の寿命ですが、こうした技術革新や人口動態の変化、新たな新興国の躍進などにより、今後さらに短くなることが予想されます。

22歳で新卒入社して現在雇用義務が課されている65歳まで43年間あります。さらに高年齢者雇用安定法で努力義務とされている70歳までは48年間もあります。前述の調査のように会社の繁栄期が18年であれば、入社した会社で定年まで一社で栄華を満喫することはとても不可能です。

荒っぽい計算ですが、会社で生涯常に日の当たるキャリアを歩み続けるためには、時代の流れを読み切る千里眼をもって、かつ適切なタイミングで70歳までに2.7回（48年／18年）のキャリアチェンジを重ねていく必要があります。

大企業に入社すれば一生安泰はもはや幻想

つい最近まで「大企業に入社すれば生涯まずは安泰」という考え方は、日本のサラリーマンの誰もが疑うことなく受け入れていた大原則でした。

確かに令和4年版「労働経済の分析」（労働白書）を見ても、初職（初めてついた仕事）の企業規模が大きいほど転職経験者の割合は低い傾向にあります。しかしながら、この数字も年齢層が高くなるほど企業規模による差は縮小し、「55〜64歳」では初職の企業規模にかかわらず、転職経験者の割合はおおむね8割前後まで上昇しています。

初めて勤めた会社が大企業なら、「給与も働く環境も文句はない、当面転職する理由が見当たらない」と考える人も多いのかもしれませんが、長く勤めていくうちに大企業勤務のサラリーマンも「このままでいいのだろうか？」と自らセカンドキャリアの道を模索し始めたり、事業構造改革などのリストラにより、キャリアチェンジを余儀なくされたりするケースも増えてきます。こうした事情がこの数字に表れています。

筆者は現在62歳ですが、大学時代に所属したゼミナール同期生7人のうち、60歳定年を過ぎても初職（新卒で入社）の会社に今も勤務している者は、わずか1人だけです。約40年前（1984年）に入社したいわゆる最後の終身雇用制の〝恩恵〟を受けた世代ですら最後まで入社した会社でキャリアを全うできたのは、わずか15％にすぎません。40年前入社者でこの数字ですので、最近になればなるほど初職の会社での残存率が低くなっていることは間違いありません。

人生100年・現役80歳時代、誰もが例外なくファーストキャリアで終わることはなく、セカンドキャリアにいつかはキャリアチェンジする必要があるという前提で中長期キャリ

アを考えていかなければならないのです。

社会的にも要請されているキャリアチェンジの必要性

令和4年版労働白書を見ると、それでも日本は勤続年数が10年以上の雇用者が45.9%と30%前後の米英などに比べ多く、同じ会社で長く働く傾向は変わりません。特に役職のある男性が転職などに慎重な傾向がデータにあらわれています。

同じく労働白書からの引用ですが、例えば係長級の男性は37.7%が転職を希望していますが、実際に転職活動をしている人は13.1%。2年以内に転職した人が11.3%にとどまっています。課長級も、希望者35.0%に対し、活動者が12.2%、2年内の転職者が13.3%という数字です。この章の冒頭で年齢が高くなるにつれ、セカンドキャリアチャレンジのハードルが高くなることを解説しましたが、まさにそのことがこうしたデータにも表れています。

また、令和4年版労働白書では、労働移動の活発さと技術進歩などを示す全要素生産性(TFP)の伸びを各国データと比較し、「弱い正の相関がある」と分析しています。すなわち、労働移動(転職)が活発だと「企業から企業への技術移転や会社組織の活性化につながり、生産性向上にも資する可能性がある」ということです。

最近、国が率先して兼業・副業促進や自律的キャリアデザイン促進のためにキャリアコンサルタントの増員などを行っていますが、こうした動きも労働の流動性（転職）を高めて生産性向上につなげようという思惑を実現するための方策です。

今までのキャリアの常識とこれからのキャリアの常識を比較する

上側が今までのキャリアの常識、下側がこれからのキャリアの常識です。

- □ ×新卒で入社した会社に勤め続ける ⇕ ○キャリアはファーストキャリア、セカンドキャリア、サードキャリアとマルチステージを歩む
- □ ×キャリアは会社が決める ⇕ ○自分のキャリアは自分で決める
- □ ×会社の仕事だけに専念する ⇕ ○複数の仕事をパラレルに行う
- □ ×社内人脈を重視 ⇕ ○社外人脈こそが財産
- □ ×特定の会社にだけ通用する個別スキル・知識に精通する ⇕ ○汎用性の高いポータブルスキル・知識を蓄積する

いかがでしょうか？　若手のみならずミドルシニアの皆さんにとっても時代の流れが下側のキャリアの常識にシフトしていっていることを納得されるのではないでしょうか。

次の表は、1947年から2019年までの常用労働者1人平均月間現金給与額の推移グラフです。

高度成長時代は、「石の上にも三年」という格言が実際に活きていました。3年我慢すれば給料も上がり、いいことがあるので、それまでは我慢というアドバイスをよく先輩から聞かされたものです。

筆者は1984年入社ですので次ページの表の枠の範囲が入社3年間になります。その少し右側の○がバブル時代の3年間です。**どちらの時期も「石の上にも3年」の通り、3年間我慢すれば確実に給与が上がっていました。**しかしながら、バブル崩壊後の山一証券破綻が象徴的な1997年金融危機の直前をMAXとして以降給与額は上がっていません。**「石の上にも3年」という格言は、今の若手サラリーマンにとって、まったく説得力を持っていない**のです。こうした事実に若手は肌感覚で感じていますので、シニア世代がいくら「3年間頑張ればいいことがある」といっても若手世代はまともに受け取らないのは当然のことなのです。

あなたは「井の中の蛙」になっていませんか？

❶今の勤務している会社の常識は実は非常識かも？

会社に入社すると仕事に没頭して自分の会社以外の世界が見えなくなります。特に多忙な職場にいればいるほど社外の友人や外部の人とも会う機会も少なくなり、他に広い世界のあることを知らずに、自分のまわりの狭い範囲だけでものを考える習慣が身についてしまいます。

筆者も30代は職場の中堅どころとして工場の人事課で朝から夜遅くまで忙しく働いておりました。その当時は、夜23時

常用労働者1人平均月間現金給与額　1947年～2019年　年平均

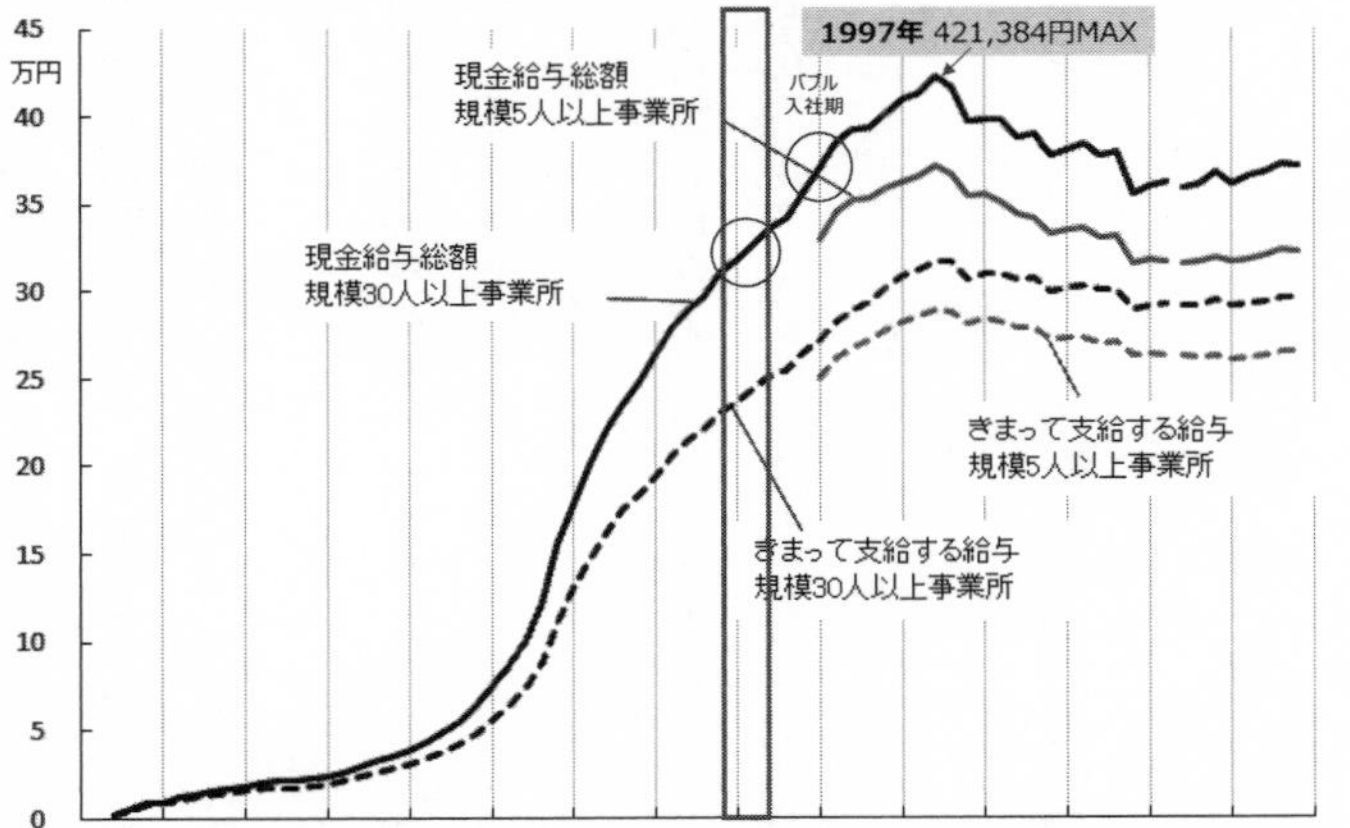

独立行政法人労働政策研究・研修機構　統計情報（早わかり　グラフでみる長期労働統計）より

過ぎから地上波で「プロ野球ニュース」という番組が放送されていたのですが、「プロ野球ニュース」が始まる時間前に家に帰っていると「今日は早いな」という感覚を持っていました。30年近く前の話ですが、今考えるとやはり異常な感覚です。

こうした生活から東京にある業種の団体事務局に出向することになり、基本的に定時で仕事が終わる生活になりました。夕方18時の中央線に東京駅から乗ると帰宅のサラリーマンで超満員！、ホワイトカラーサラリーマンは馬車馬のように夜遅くまで働いているのが当たり前と思っていましたが、実は定時で仕事を終え家に帰る働き方のほうが〝大多数〟でかつ〝正常〟であることを実感した経験でした。

皆さんの中にも毎日仕事に忙殺され外界からの情報を実質シャットダウンされた生活を送っている方もいらっしゃるかもしれません。「会っているのは会社の人だけで、毎日忙しくて社外の友人にも会えない。土日は疲れ切って1日中寝ている」といった生活を送られている方は要注意です。**当たり前と思っていることが、実は世間では非常識になっていることもよくあることです。**

❷「会社の呪縛」から意識的に離脱する

組織の中で長らく働いていると別の意味で**「組織の呪縛」**にもとらわれます。先ほどと同じ出向時代の経験です。その業種団体には、加盟会員会社から私と同じような立場で派遣された出向者が複数おり、会社の枠を超えて産業横断的課題に取り組んでいました。団体では、複数の各種委員会が設置され、定期的に会員会社の役員が参加します。

自分の所属する会社の役員が自分の担当委員会に参加となると大変です。社内では、役員というとやはり〝雲上人〟です。社内にいたときには、話をする場合でも秘書を通じてアポイントを取り、説明する際には事前に課長、部長のブリーフィングというプロセスを経てようやく説明となります。

団体に出向しているときも気持ちは同じです。やはり対応に粗相がないように気を使いますし、緊張もします。ところがこれが他社の役員となるとまったく利害関係はありませんので、言葉は悪いですが、〝ただのおじさん〟です。緊張もしませんし、自分の評価・昇格にも何ら権限を有していませんので、気を使う必要もありません。

こうした対応は他社の出向者も同様でした。〝雲上人〟である役員が来社される際には、入り口で受け入れ応対し、事前説明などもしていました。こうした姿を見て（実は自分もそのように対応しているのですが）少々こっけいな感じがしたのも事実です。

やはり、**長年会社に勤めていると組織の序列に縛られて同じ人でも見え方が変わってく**

るのです。自宅の近所にも毎朝社用車が迎えにきているお宅があります。おそらくどこかの会社の役員の方だと思います。ご近所さんですので私は何も感じませんが、同じ会社の人間だったら、朝から気を遣うところでしょう。

サラリーマンは自然にこうした組織の論理・序列に従って会社生活を送っています。周囲から見ると「そんなパワハラ上司は異常。普通じゃないよ」「今どきそんな昭和な職場なんてないよ」と思うことがあっても本人は組織の呪縛にとらわれ、その異常さに気づくことができません。ある意味〝マインドコントロール〟されています。

こうした〝マインドコントロール〟から抜けるためには、やはり意識的に外の世界に触れることが重要です。兼業・副業を始めてみる、外部の勉強会に参加してみる等、できることはあります。「会社を辞めたい」という思いをきっかけに外界とのコンタクトを意識した行動もセカンドキャリアに向けた準備として極めて重要です。

「会社を辞めたい」から発生しがちなキャリアのリスク ～安易に「ジョブホッパー」（短い期間で転職を繰り返す人）にならないためのポイント～

「会社を辞めたい」という衝動的な思いを抑えることができずに2～3年の周期で転職

を繰り返している人もいます。こうした人は、ジョブホッパー（job hopper）と呼ばれ、転職が当たり前になりつつある日本においても、決して良いイメージは持たれません。理由は、どうしても「あきやすい、協調性がない」と受け取られがちだからです。

特定領域・特定期間にだけ専門的な支援を得るようなスポット的働き方（インディペンデント・コントラクター＝個人事業主）の場合にはこうしたキャリアも問題にはなりませんが、チームで成果を出し、中・長期間の定着を前提とする雇用の場合には、採用側も慎重にならざるをえません。会社に雇われる一般的なケースをキャリアの選択肢と想定する場合には、安易にジョブホッパー化することはリスクと考えておく必要があります。

私の専門領域は、人事ですので今も現役ＩＣ（インディペンデント・コントラクター＝個人事業主）として中途採用面接には定期的に携わっています。中途採用面接では面接官は何を確認しているのでしょうか。

中途採用は、定期採用と異なり、即戦力採用です。採用ニーズがクリア＆ピンポイントで、第二新卒などの若手中途採用を除いて、将来の為にとりあえず採用し、育てて使おうと言う事は基本的にありません。

面接の際に必ず聞く質問は、「転職理由」と「志望動機」です。前者の質問で、**「この人**

は会社に定着するか」を確認し、後者の質問で**「会社で活躍できるか」**を確認します。「前の会社では解決できなかった問題をこの会社では解決できる」ということを面接官が納得いくように説明できればいいのですが、ジョブホッパーの方は、こうした質問にどうしても整合性があり、説得力のある回答を返すことができない傾向があるように思えます。

私見ですがこうした面談を通じてジョブホッパー化する人の特徴をあげると以下のような感じになります。

□現状把握ができていない

・自分に関する自己分析ができていない

・会社・社会に関する現状分析ができていない（会社への理想が高い）

□自分のキャリアの方向性が見えていない

・自分のキャリアプランが明確でなく、キャリアの軸がない（優先順位が決まっていない）

・キャリア選択において場当たりな行動をとっている

瞬間湯沸かし器のように沸き上がる「会社を辞めたい」という蒸気に任せてキャリアチェンジに走るとどうしてのジョブホッパーになりがちです。「ジョブホッパー化」を避けるための留意点につき、次に解説していきたいと思います。

セカンドキャリアに踏み出すために必要な3つの「見える化」3つの見える化とは？

セカンドキャリアに踏み出すために必要な3つの見える化とは、**「AS-IS（現在）」「TO-BE（将来）」「現在と将来の方向性の間にあるギャップ（課題）」の見える化**です。

先ほどジョブホッパー化する人の特徴として、「現状把握ができていない」ことと「自分のキャリアの方向性が見えていない」という2つの点をあげましたが、安易にジョブホッパー化しないために必要なアクションが3つの見える化と言うこともできます。

「幽霊の正体見たり枯れ尾花」という言葉をご存じでしょうか。幽霊だと思って怖がっていたものをよく見ると、風にゆれる枯れすすきであった、薄気味悪く思うものも、その正体を確かめてみると、実は少しも怖いものではない、という例えです。

キャリアに関する不安感も似たところがあります。「今の仕事・会社に満足できない」

といった思いがポッと胸の中に沸き上がり、そうした思いが「会社に行きたくない」「会社を辞めたい」に発展していきます。

問題は、沸き上がってきたポッとした思いを曖昧なままにし、その思いだけで衝動的に行動を起こしがちであることです。「原因ははっきりしないけど何か将来が不安だ」「この会社ではやりがいを感じられない」といった曖昧な思いから「職場・仕事を変えると解決するかもしれない」と転職するのがジョブホッパーの典型例です。

見方を変えると「ためらいがない」「行動が早い」「臨機応変」ともとらえることができますが、キャリアに関しては、こうした衝動的な行動はリスクです。幽霊の正体はしっかり見極めなければなりません。

❶3つの「見える化」のためのブレインダンプ

3つの見える化のために、ぜひおすすめしたいのが「ブレインダンプ」です。「ブレインダンプ」とは、谷澤潤さんが「ブレインダンプ―必ず成果が出る驚異の思考法」(東洋経済新報社)で紹介している思考法ですが、キャリアを「見える化」する際にも有効な手法です。簡単に言うと自分の頭の中身をどさっと一気に下ろしてしまうことです。

これを自分のキャリアに関して行います。はじめはあまりキャリアだけにこだわらなくてもいいかもしれません。自分の頭の中にある悩みや気にかかっていること、自分の夢や目標、やりたいこと、今すぐにやらなければならないこと、など自分の頭の中身を最後の一滴まで絞り出すように、そして「これ以上は出てこない。私の頭の中はもう空っぽだ」と自分自身が観念するくらいに、すべて紙の上で書き出していきます。ブレインダンプの効果ですが、今まで重く重くて気になっていたものがきれいに清算されるかのように頭の中がすっきりしてきます。頭が身軽になり、前に進むために必要な次のアイデアや、次の行動イメージを出してくれるようになります。

ブレインダンプを効果的に行う際は、時間と場所を確保することがポイントです。日常生活の場を離れ、自宅ではなくホテル・温泉旅館などにこもって実施することをおすすめします。

いわゆる**「一人合宿」**です。

自分の家で行うとどうしても途中で何かしらの邪魔が入り、ようやく波に乗ってきた頭の中の吐き出しが中断されがちです。ブレインダンプは、連鎖反応的に思いを引き出していきますので、これではせっかくのブレインダウンの効率が大幅に落ちてしまいます。

また、頭の中味を書き出すキャンパスは、できる限り大きな紙をおすすめします。私の場合は、写真のようなフランスのメモ帳ロディアの超巨大版（Ａ３サイズ）を使用しています。私の頭の容量サイズにぴったりのサイズ感です。用紙はロディアでなくてもなんでもいいですが、サイズだけはできるだけ大きなもののほうが使ったほうが制限なく頭に詰まったモヤモヤを吐き出すことができます。

❷ブレインダンプであぶり出された真因を解決するための具体的な行動をとる

ブレインダンプであぶり出された貴重なキャリア不満・不安をそのままにせず、「それではその不安を解消するために自分は今どんなアクションを取るべきか」「どんな準備をすべきか」など行動レベルまで落とし込むことが次のステップになります。

ブレインダンプに最適！
RHODIA（A3サイズ）〈BLOCK RHODIA N38　5×5〉

RHODIA
RHODIA

- ブレインダンプに最適！　A3サイズのRHODIA
- 写真下のサイズが通常メモでよく使うN11サイズのRHODIA
- 並べてみるとその巨大さがよくわかる！！

片面でＡ３のビックサイズ！
何の制約なしに脳の中身をぶちまけられる

「会社を辞めたい」と思うサラリーマンは多いのですが、**時間を取ってその原因を徹底的に考える人は具体的な行動をとっている人はほとんどいません。**さらにその原因を解消するための**具体的な行動をとっている人はほとんどいません。**せっかくの「会社を辞めたいエネルギー」が行動エネルギーまで転移されずに、毎回泡（バブル）のように頭に浮かんできては消えています。せっかく湧き上がったエネルギーの有効活用がなされず毎回「辞めたいバブル」吹き出しにとどまっているのです。

ブレインダンプを徹底的に行うことで、なぜ自分が「会社を辞めたい」のかその真因があぶり出されてきます。「上司との相性が悪い」「上司の言い方が気に食わない」「仕事そのものに興味がない」「長時間通勤でヘトヘトになる」「扱う商材自体にまったく興味がわかない」など人それぞれ理由は様々ですが、本音ベースの不安・不満の真因が明らかにすることがブレインダンプ実施の目的です。

ブレインダンプを行うと、不満・不安だけではなく「自分はどうありたいのか」「何が本当にやりたいのか」「どのように見られたいのか」など日々の仕事に追われる生活の中では抑圧されて頭の奥に沈んでいた心の真の欲求・欲望も明らかになってきます。

キャリアの棚卸しやキャリアの方向性確認は、キャリアデザインのプロセスでは必須事項ですが、その前段階で不安・不満や欲求・欲望のあぶり出しがなされていないとどうしても表面的なものになります。「不安・不満の見える化」や「自分は何がしたいのか・何がしたくないのかの見える化」は、セカンドキャリアをアデザインする上で欠くことができない必須プロセスなのです。

❸キャリアデザインの基本的な考え方

キャリアデザインの基本は、スタート地点である「AS－IS（現状）」の明確化とゴールである「TO－BE（方向性）」の明確化です。その際には、多くの場合できっかけは、「ぼんやりした将来の不安・現状の不満足感」から始まりますが、その真因を突き詰めずに様々な手段や方策をあれこれ考え、解決しようと考えがちです。

このプロセスで解決しようとしてもなかなか真の解決にはつながりません。経済的な余裕を持たねばという思いから暗号資産に投資したり、アパート投資に走ったりします。サラリーマンという立場の不安定さを感じて独立可能な資格取得の勉強に走る方もいらっしゃいます。そうした努力をしても心の奥に沸き上がったぼんやりとした将来への不安や現状に対する不満足感は解消されません。

アプローチの方向がそもそも違うのです。まずは、心の底から望む目指すべき方法性

（何のために）の確認から開始すべきです。ブレインダンプにより「自分は何をしたいのか」「どんな姿になっていたいのか」をまずは明確にして、それではそれをどのようにして達成するのかというプロセスを経る必要があります。

目的がはっきりしていれば、それを達成する方法が今の仕事・ポジションでも実現可能であることに気がつきます。

私の場合、『自分の専門知識を他者に伝えることで役に立ち、その結果として「ありがとう」と言われたい』という思いが心の奥底にありました。この目的は、実はサラリーマンのままでも、例えばグループ内での勉強会講師をつとめる

キャリアの「TO-BE」（方向性）の考え方

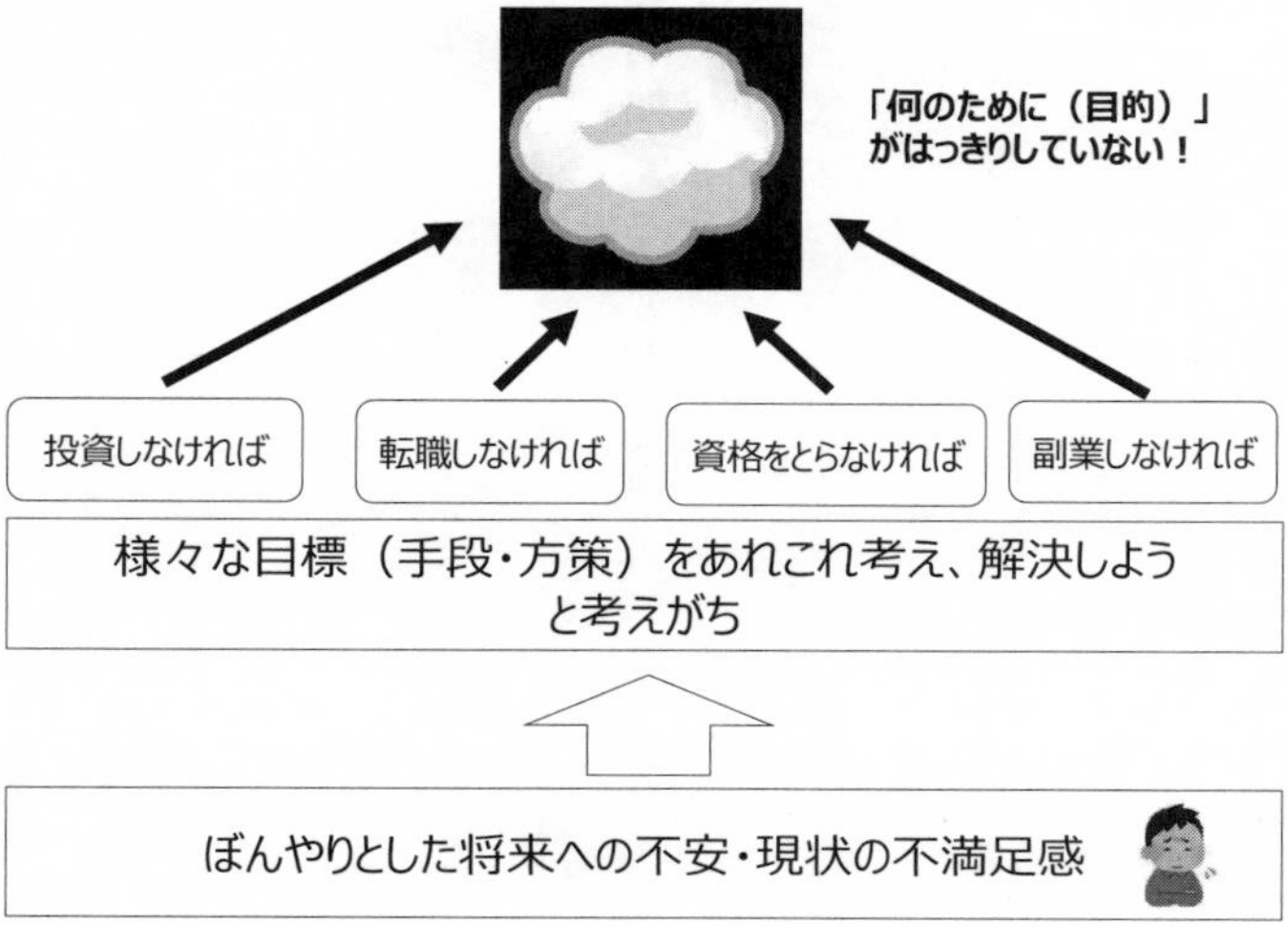
「何のために（目的）」
がはっきりしていない！
投資しなければ
転職しなければ
資格をとらなければ
副業しなければ
様々な目標（手段・方策）をあれこれ考え、解決しようと考えがち
ぼんやりとした将来への不安・現状の不満足感

ことでも実現できるのですが、どうしても大学院に行って修士を取ろう、資格を取って専門家になろうといった大上段の手段を考えがちです。本来の目的は「自分の知識・経験を他者に伝えて役に立つ」ということなのですが、目的と手段が混同され、資格取得の泥沼に入り込んだりします。

まずは徹底的に自らの不安・不満の理由を突き詰め、さらに自分は何をしたいのか、どのような状態が心地よいのか、を見極める必要があります。

自分の本当の思い、気持に真正面から向き合うことによって場合によって痛みを感じることもありますが、思い・感情

キャリアの「TO-BE」（方向性）の考え方

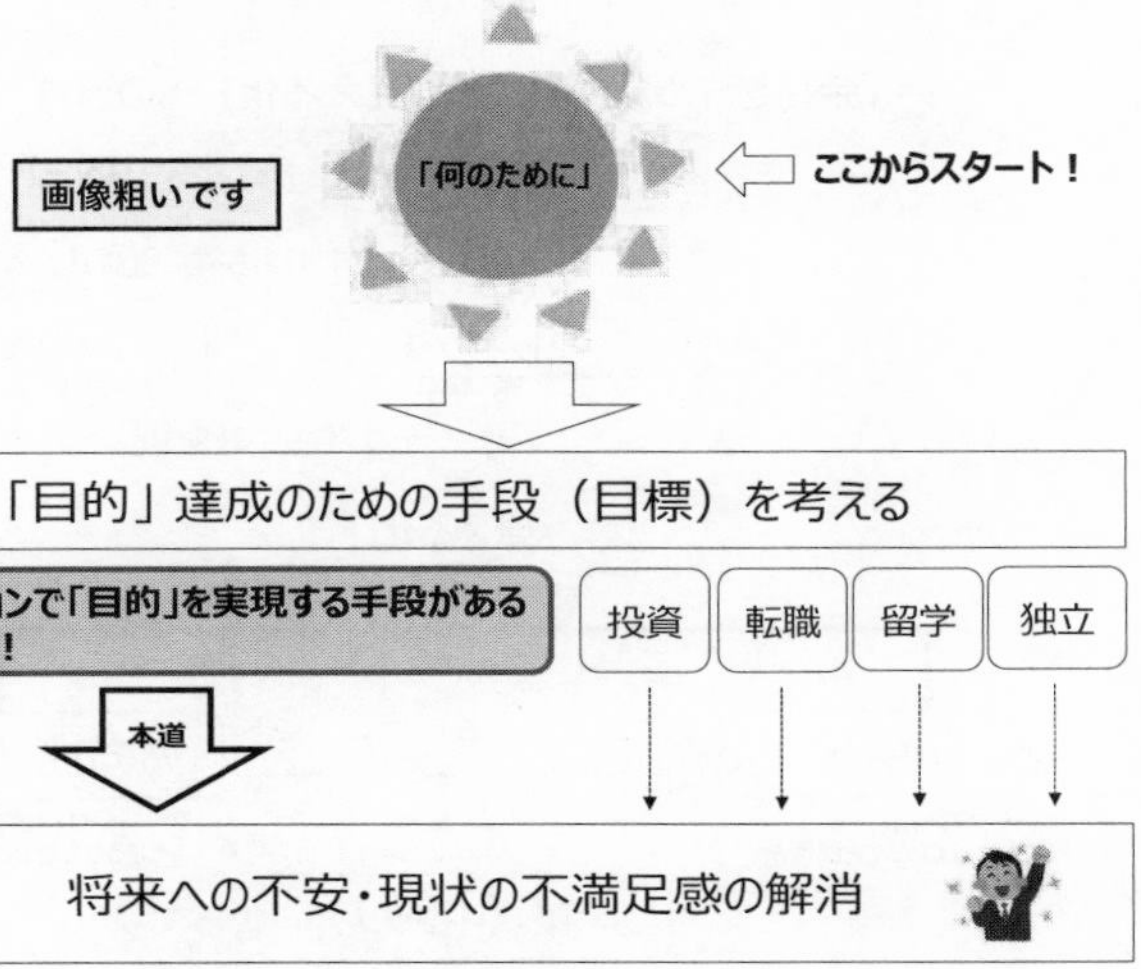

をセカンドキャリア推進の力に変えるためには、徹底的な不安・不満との向き合いが必要です。

「会社を辞めたい」という思いが沸き上がってきたタイミングが実はその徹底的な振り返りのチャンスなのです。

「会社を辞めたい」から「見える化」への流れ

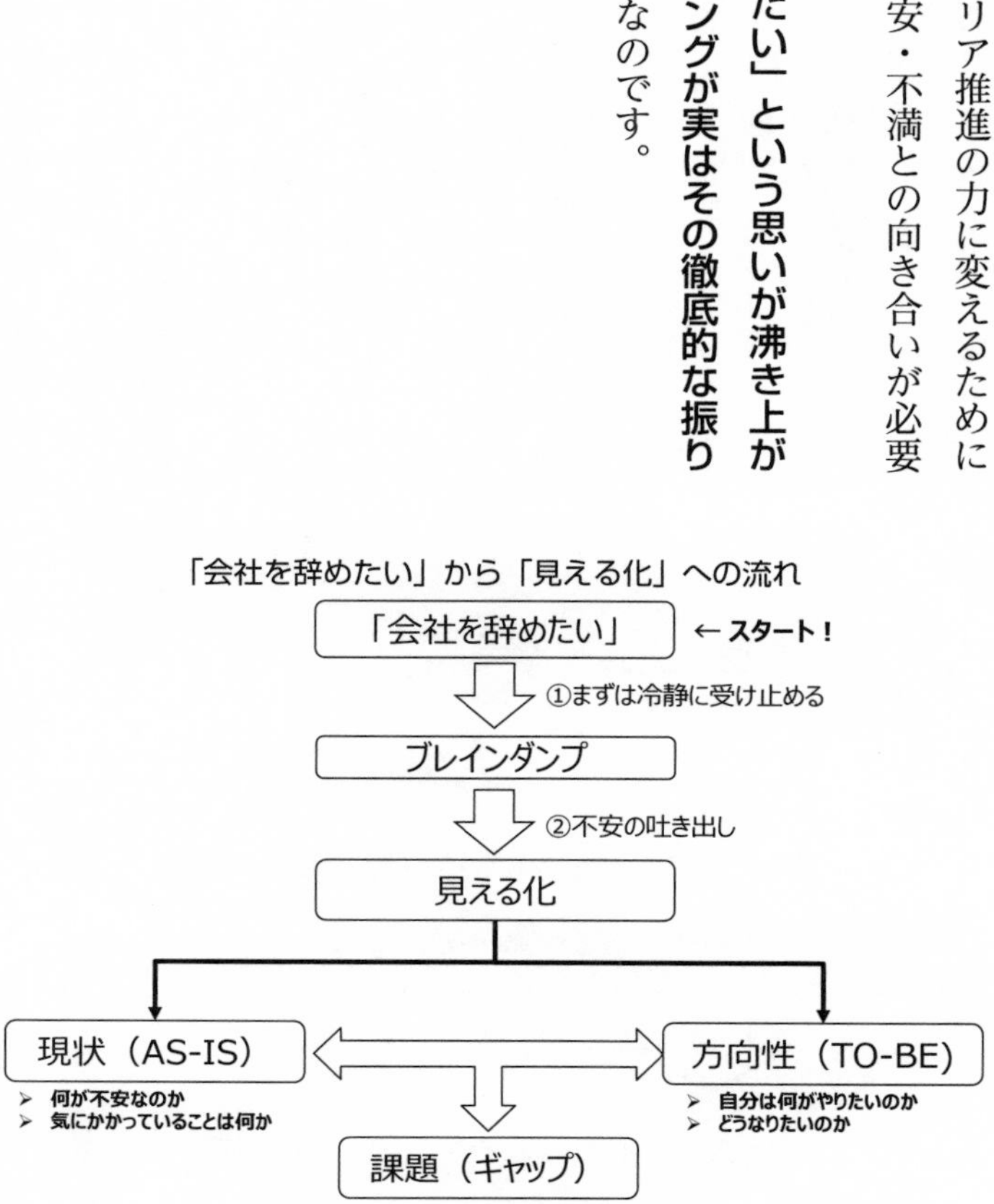

「会社を辞めたい」
← スタート！
①まずは冷静に受け止める
ブレインダンプ
②不安の吐き出し
見える化
現状（AS-IS）
➢ 何が不安なのか
➢ 気にかかっていることは何か
方向性（TO-BE）
➢ 自分は何がやりたいのか
➢ どうなりたいのか
課題（ギャップ）

第3章

「辞めたい」と思った時はまずここを読む

～各世代共通キャリアチェンジの大原則

「会社を辞めたい」の予兆

筆者の友人に六本木のビジネス街に勤務していた友人がいました。駅直結の高層ビル上層階に職場があり、職場までの経路上には、まばゆいばかりのブランド店が並んでいます。毎日華やかな非日常の世界に浸れる環境で、部外者から見ると「こういう場所に毎日通勤出来たら人生も楽しいだろうな」と思わせるような環境です。

地方の工場勤務が長い筆者は、若いころは華やかな都会のオフィス勤務にあこがれたものです。筆者が入社した会社では、新入社員研修後に工場での現場実習が行われ、その後本配属となりました。〝不幸〟にも地方工場勤務となる同期のために地方工場配属を逃れた仲間から〝餞別〟を送る妙な習慣まであったことを思い出します。

その友人と六本木の職場近くで飲んでいた時に、「毎日こういう華やかな場所に通勤できるのはうらやましいな」と正直な感想を言ったのですが、友人の回答はまったく予想外の答えでした。「しょせんイヤイヤ通う職場だよ。たまに来るからいいのであって、毎日通っているとそれが日常になって、土日はこの界隈には決して寄り付きたくない」とのこと。少し意外な感じがしましたが、すでにそれなりの社会人経験を踏んでいましたので、「確かにそれもそうだな」と納得したことを思い出します。

このように会社のあるエリアに土日に近づきたくないという感覚が出てくると要注意です。会社と会社があるエリアは、もちろんまったく関係はないのですが、(パブロフの犬ではありませんが)条件反射的に「会社のあるエリア」→「行きたくないイヤな場所」というネガティブな意識づけが行われています。

また、「自分の会社に関する一切の話題に触れられたくない」という思いが出てきた時も要注意です。家族・友人が「いい会社に勤めているね」ということを婉曲に伝えるために、「勤務先のコマーシャル見たよ」「新聞に出ていたね」など好意的な話題を振ることがあります。「ありがとう」と素直に受け入れるのが普通ですが、そのような会社の話題に触れられること自体がイヤという感覚が出てくるような場合、あなたは着実に「会社を辞める」ステップに足を踏み入れています。

「会社を辞めたい」を外部目線で冷静に分析する

「会社を辞める・辞めない」を判断するための公理（絶対基準）

第1章でサラリーマンの「ゆでガエル」化について触れましたが、周囲から情報遮断されて毎日会社と自宅の往復という生活にはまり込むと正常な判断ができなくなります。こうした状況に入る前に対応する必要があるのですが、「まだ大丈夫」「自分が弱いから」と自責の思いからどうしても頑張ってしまいがちです。

もちろん、その人が置かれた状況による部分が多分にあり一概には言えないのは確かですが、以下の基準だけは「絶対的な基準＝公理」だと思っています。

それは**「体を壊してまでやる仕事はない」**です。

筆者も35歳の時に急性心筋梗塞を発症し、生死の境をさまよったことがあります。今思い起こすとその当時は**この公理が働いていません**でした。「まだ若いから少々の無理はきく」「少々体を壊しても今が頑張りどころ」という意識でした。実は発症少し前には胸が締め付けられるような前兆はあったのですが、その時は仕事優先の気持ちが極めて強く、逆に**「病気で倒れたら正々堂々と休めるのでラッキー」**という感覚でした。

よく歌舞伎役者や舞台俳優による「舞台で死ねたら本望」的な発言を聞くことがありますが、そのスタンスを美化してはいけません。時任三郎がコマーシャルで「24時間戦えますか」と叫んでいた時代はとっくの昔、バブル崩壊とともに終わりました。

仕事で体を壊すのは〝**勲章**〟**ではなく、取り返しのつかない一番貴重な自己資産の〝損傷〟であり〝破壊〟**です。**「自分の体に目に見えるような不調・異常が現れたら我慢せずに（会社を辞める前に）まずは休みを取り、専門家の指示に従い躊躇なく治療のレールに乗ること」**　体を壊してからでは遅いです。自分の身1つあれば人生100年時代の今、後からいくらでも挽回は可能です。

休職規程があれば、休職して体調回復につとめます。休職中は、通常の3分の2程度にはなりますが、健康保険から傷病手当金が支給されます。経済的にゼロになるわけではありません。

これからの時代は、自分の周囲に法律・医療・キャリアなど専門家のネットワークを形成することは、必須です。「いつもとどこかが違う」という少しの違和感でもすぐに相談することできる「かかりつけ医師」もそのネットワークの1つです。

第2章で会社を「辞めたい」エネルギーの変換のポイントとして、〝③「会社を辞めたい」という思いをきっかけに、必ず1つの具体的な行動に落とし込み、確実に実行する〟ことをあげました。体調不良時は良いことではありませんが、これをきっかけに「かかりつけ医を確保する」という外部の専門家ネットワークをつくることができたことは不幸中の幸いとポジティブに考えるべきです。筆者も35歳の時に心筋梗塞で倒れて以降、死ぬまで毎月1回は循環器の医師のところに通院する必要がありますが、常に専門家がついているると考えれば、それも長い目でみればセイフティーネットが確保できたと考えることができます。

もちろん、健康に留意して不調・異常が発生しないようにすることが第一番ですが、もし不調・異常が現れたら**「いつでも舞台を変えることができるように準備しておくこと」**が、この本のテーマであるセカンドキャリアの準備です。

様々な角度からあなたの「会社を辞めたい」を冷静に分析する

「会社を辞めたい」と思った時には、まず、会社経営の４大資源（ヒト・モノ・カネ・情報）フレームを流用して考えてみることをおすすめします。ヒト・モノ・カネ・情報とは、日本国内で定着している経営資源を構成する４つの要素のことです。

キャリアに置き換わってみると次のようになります。

- □ヒト → 人間関係（上司、同僚との関係が悪いなど）
- □モノ → 仕事自体（自分が担っている仕事自体に全く興味が持てないなど）
- □カネ → 労働条件（給与・賞与が安い、福利厚生が貧弱など）
- □情報 → 人事制度（将来のキャリアパスが見えない、評価基準が明確でない）

企業経営の場合、４つの要素のいずれかでも弱点がある企業は、継続的な競争力を保持することができず、市場で生き残っていけません。

サラリーマンの場合も同じです。あなた自身、上記**4要素のうち3要素以上に関して耐**

えられない状況になっている場合には、今いる会社でモチベーションを高く持ち続け中長期的に高いパフォーマンスを上げていくことは難しいです。４つの要素すべてについて満足しているというサラリーマンはほとんどいませんが、**３つ以上の要素で不満足という状況は、仕事へのエネルギー源であるモチベーションの枯渇状態です。「会社を辞めること」が現実的な選択肢に入ってきます。**

「会社を辞めたい」をポジティブなエネルギーに変換し、セカンドキャリアの踏み出しにつなげていくためには、その感情を大切にしつつ、こうしたフレームを使って冷静に状況を分析することも大切です。

「会社を辞める／辞めない」マトリックス

「会社を辞める／辞めない」を冷静かつ多面的に分析するためのフレームとして「会社を辞める／辞めない」を判断するマトリックスをご紹介したいと思います。

縦軸に「自力で解決できる／できない」、横軸に「永続的・終わりが見えない／一過性・終わりが見える」をとった４つのマトリックスにブレインダンプで吐き出した自分の会社を辞めたい理由をプロットしてみます。

このマトリックス上で左下の象限に退職理由が入ってくるようだと退職もやむなしの段階です。自分の力だけでは解決できずに終わりが見えない状況とは、例えばどのような状態でしょうか。

マトリックスに例示している例では、「オーナー企業で上司であるその御曹司がパワハラの原因」になっているような事例です。

右下の象限（自力では解決できない／一過性・終わりが見える）にも上司のパワハラ事例がありますが、こちらとは次元が違います。右下の象限に場合には、上司

「会社を辞める／辞めない」マトリックス

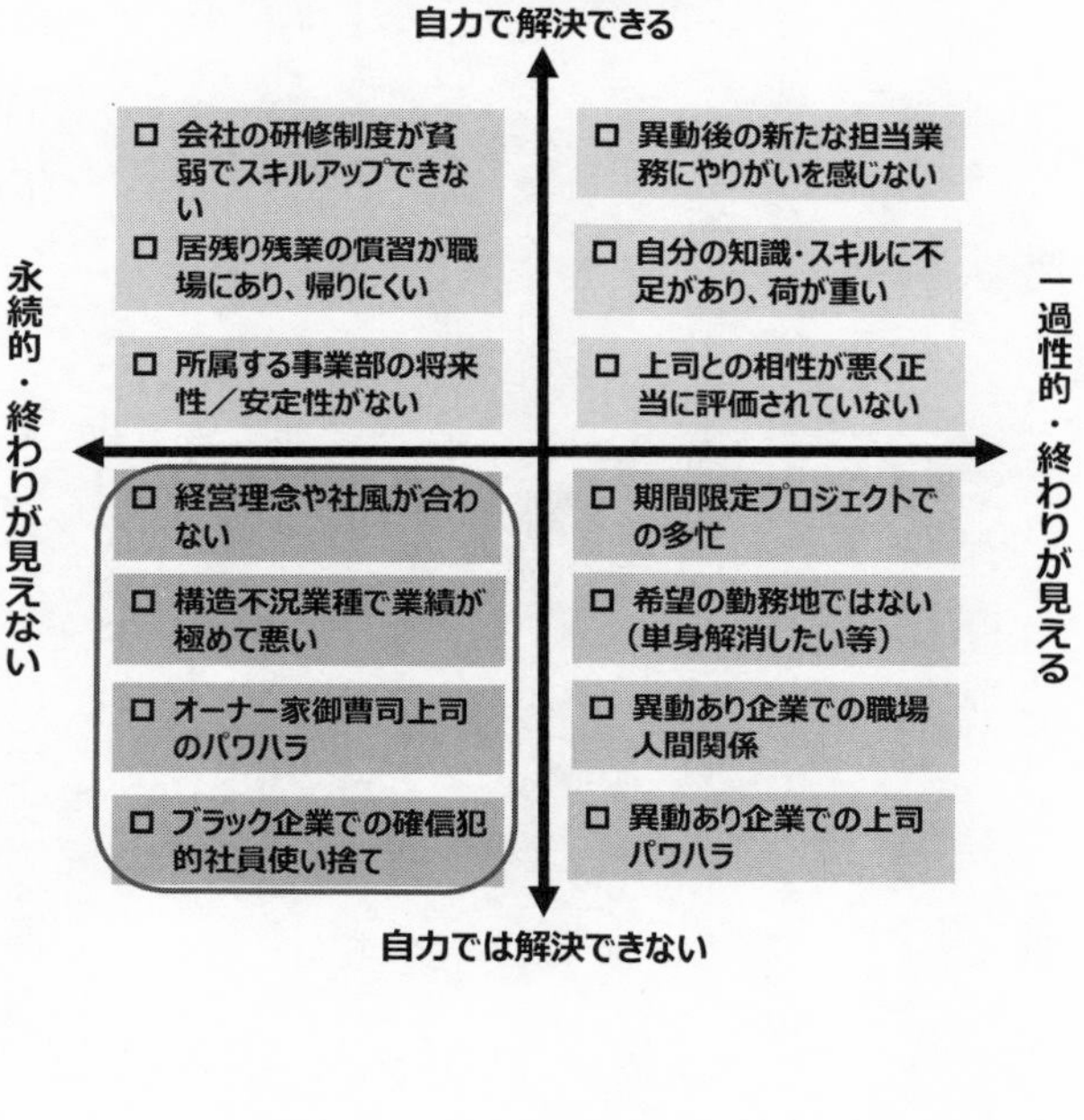

も自分もサラリーマンですので、自分あるいは上司のどちらかがそのうち異動になります。3年周期で異動するのが通常の会社であれば、1年半くらいでどちらかが異動する可能性もあります。苦しい状況であることは変わりませんが、まだ先が見える状態です。

それに対して左下の状況はまったく異なります。パワハラを行う上司はオーナー家の御曹司です。喧嘩両成敗にはなりません。次期社長候補を、親であるオーナー社長が排除する可能性は極めて低いです。もちろんパワハラで訴えるといった手段を取ることもできますが、こんなところで時間と労力を取られるのは人生の無駄です。

筆者の友人でもこうした事例に遭遇したことがあり、相談を受けたことがありました。相手は絶対権力者です。このまま我慢し続けても解決の見込みはありません。話を聞けば聞くほど我慢して今の会社に勤め続けることが良い結果を生み出さないことが明らかでした。キャリアチェンジには、周到な準備を行うことが常套ですが、こうしたケースでは、緊急避難的に「会社を辞めて環境を変える」ことも必要です。

それとは反対のケースは、右上の象限「自力で解決できる／一過性・終わりが見える」です。例えば、「自分のスキル・知識に不足があり、荷が重い」という悩みは、まだ業務全体像が見えない異動直後などに感じることが多い不安ですが、年度業務として1度サイクルを回すことで翌年からは急に楽になったりします。必要なレベルと自分の今の実力を見える化し、そのギャップを解消することで解決できることが多く、こうした理由で安易に退職を重ねると第2章で解説したジョブホッパー化のルートを歩みかねません。

Pros&Cons（メリット・デメリット表）で徹底的に考える

「Pros&Cons」（プロコン）をご存じでしょうか。

課題をメリット・デメリットの双方の観点から多面的に捉えて分析するための思考ツールの1つであり、コンサルティングの世界や一部の外資系企業に勤務する方には使い慣れたツールかもしれません。

この「Pros&Cons」（プロコン）は、ビジネスのみならずプライベートでも活用できる比較検討のフレームです。特に本書のテーマである「会社を辞めるか／辞めないか」などトレードオフを前提とする決断の局面では、極めて有効です。

次ページの図は、「会社を辞めるか」「そのまま継続するか」をプロコン表で検討してみたものです。会社を辞める場合のメリットをProsの側に記載し、デメリットを右側のConsの側に書いていきます。表中に「重要度」と「緊急度」も入れると判断しやすくなります。

本書のテーマである「会社を辞めるか×辞めずに継続するか」なども双方が並立不可能な、まさに「トレードオフ」の関係です。一方を追求すれば、他方を犠牲にしなければならない二律背反状態の状況のもとで自分が納得できる冷静かつ多面的に決断を下す際にはこうしたツールの活用は必須です。

退職したい理由が具体的になり、「会社を辞める／辞めない」を判断する最終段階では、こうした表を利用することで、自分の判断に自信を持つことができ、結果に後悔することがなくなります。

Pros／Cons表

○月○日に転職する場合

Pros（メリット）

	重要性	緊急性
①役職定年の恐怖が無くなる	中	低
②若手育成の矛盾感の解消	低	中
③問題社員３名の日々の対応が無くなる	高	高
④部長人事の恐怖感が解消される	中	低
⑤(現在想定している)将来キャリアへの不安が解消	高	低
⑥担当業務のノンコア化から逃げられる	低	低
⑦１年後に終了するプロジェクト後の不安から逃れられる	低	中

Cons（デメリット）

	重要性	緊急性
①通勤時間が長くなる	中	高
②長時間通勤による肉体的疲弊	高	高
③新しい環境での不適応リスク	中	中
④奥様の将来不安が増すリスク	高	高
⑤昇進可能性の放棄	中	低
⑥大企業サラリーマンという立場を失う	低	低
⑦外資系の企業文化への不適応リスク	中	中

転職せず現行で勤務継続する場合

Pros（メリット）

	重要性	緊急性
①現行業務継続による収入の維持	中	中
②慣れた業務を継続することに安心感	中	中
③配偶者の将来不安の回避	高	高
④現行の通勤時間が維持される（長時間通勤の回避）	中	高
⑤週半分単身生活の回避	高	高
⑥職場及び業務不適応リスクの回避	中	中
⑦大企業メーカーでの優越的ポジションの維持	中	中

Cons（デメリット）

	重要性	緊急性
①せっかくのキャリアチェンジのシャンスを失う	高	高
②現在の不満が継続される（解消されない）	高	中
③転職検討先応対者への申し訳なさ	低	高
④同様の好条件ポスト遭遇の可能性が少なくなる	高	中
⑤好ポストを逃したという自責の念	低	高
⑥年収アップチャンスを逃す	中	高
⑦新規業務でのキャリアの専門性拡大&深化の機会を逃する	高	中

日頃から想定外シュミレーションを行っておく（想定外を想定内にしておく）

第2章で会社の寿命がどんどん短くなっていることを説明させていただきました。今は安泰に見える伝統的大企業に勤めるサラリーマンも、今後いつゲームチェンジが起こり、想定外のキャリアチェンジを考える必要が発生するかわかりません。将来の変化を読み切り、少なくとも「想定外を想定内」にしておく必要があります。

「会社がM&Aにより買収され、所属していた事業部が事業スコープ外になり退職勧奨された」

「会社の不祥事発覚で業績が大幅ダウン、希望退職が大々的に募集されることになった」

「大病をして体力的にも今の仕事が続けられなくなった」等々。

今の時代には、どれも現実としてありうるケースです。「会社を辞めたい」ではなく、「辞めたくなくても辞めなければならない」ケースも今後は想定しておく必要があります。

「今、失業したら失業保険がいつまでいくら支給されるのか」

「今退職したら自分のキャリアには今いくらの値段（年収）がつきそうか」

「最低必要な生活費用はいくらか」

「ローン返済は維持できるか」

「(維持できない場合) 今不動産を売却するといくらで売れるか」等々

こうした事項は(安全保障ではありませんが) 有事になってから考えるのではなく平時のうちに考え、その対策を講じておく必要があります。

例えば、「会社を辞める」というケースの場合には、次のキャリアを決めるためにもキャリアチェンジのパスポートである「職務経歴書」が絶対に必要になりますが、多くのサラリーマンは辞めたいと思っているだけで職務経歴書を書くという行動まで至っていません。**「職務経歴書」を準備していないサラリーマンにとって、「会社を辞めること」は、まだまだ想定外の状態で想定内になっていない**のです。

こうした目をそむけたくなるような想定外の事態を想定し真剣にその対策を絞り出していくうちに、本のタイトルではありませんが、「死ぬこと以外かすり傷」のような気持になってきます。いかに自分の想定外を減らし、想定内にしておくか、これからのキャリア戦略には重要です。

「If-Then」プランニングの応用　「こうなったらこう行動する」

「If-Then」プランニングをご存じでしょうか。「もしこうなったら、こうする」ということを事前に決めておき目標達成の率をあげる手法です。基本形は、以下の通りです。

「①（if）もし、Xだったら、②（then）Yをする」

（=If X happens, then I will do Y.）

「どんな行動をするかを事前に具体的に決めておく」ことで、それが実行される確率が高まることを利用したのが「If-Then」プランニングです。ただ、決めるのではなく、事前に「いつ」「何を」やるかを、はっきり決めておくことで実行できる確率は2倍から3倍になると言われています。

一度if-then式の計画を立てると、その後、脳は無意識に周囲をスキャンして、行動の合図を探し回るようになります。これによって「しなければならないこと」を決めたタイミングで実行することができるようになります。

例えば、以下のようにプランニングしておきます。

①（If）残業が増え、1週間の平均睡眠時間が○時間を切ったら

② (Then) 強制的に年休を取る

この「If-Then」プランニングを「会社を辞めたい」に応用します。

① (If) 「会社を辞めたい」と思ったら

② (Then) まずは、「Pros & Cons」表を作成する

あるいは、

① (If) 体調不良になったら

② (Then) 必ずその分野の医師に診察してもらい、主治医をつくる

などです。

脳は「XならY」という文章は記憶しやすく、無意識のうちに、それに従って行動ができるようになります。会社を辞めたいという感情が起こった時こそ冷静な第三者的目線が必要ですので、例えば「Pros&Cons表を作る」と事前にするべきことをはっきりさせておけば、意識しなくても、行動すべき時に自動的に行動できるようになります。

会社を辞めたいと思った時に外部目線で冷静に対応するための方法をここまで紹介してきましたが、筆者の経験から言うと短期のスパンで自分の将来の姿が考えられなくなると「会社を辞める」ステップに入っている場合が多いです。

今在籍している会社で1年後に働いている自分の姿が想像できるか、あるいはまったく想像できないかが「辞める」「辞めない」の分水嶺です。今まで解説してきた様々な自己分析を行った上で、今の会社で1年後も勤め続ける自信が持てない場合には、具体的なアクションに着手です。

次からは、意外に知らない「会社を辞める」ための基礎知識を人事専門家の立場から解説したいと思います。

「今すぐ辞めたい」場合の対処法 人事のプロが解説する「会社を辞める」

皆さんは、「退職届」と「退職願」の違いをご存じでしょうか。人事部以外の方は意外にこのあたりの違いを知らなかったりします。少し前には新サービスとしての退職代行会社が話題になりましたが、退職に関するこのあたりの知識があれば退職代行サービスを使わずともスムーズに退職できるケースもあるかと思います。

ここからは、「会社を辞める」に関する基礎知識を解説したいと思います。**「辞める」は簡単です。**正確な知識があってこそ自信を持った行動をとることができます。

下図をご覧ください。雇用契約の終了に関してまとめてみました。退職は雇用契約の終了の一部として捉えることができますが、今回解説するのは、解雇ではなく退職のほうです。

「退職」は、大別すると「合意退職」と「辞職（一方的退職）」に分けることができます。「合意退職」とは、**企業と労働者の合意によって雇用契約を終了させること**をいいます。

労働者が合意退職を申し込んで企業が承諾する場合もあれば、企業が合意退職を申し込んで労働者が承諾する場合もあります。本書で対象とする「会社を辞めたい」は前者のケースです。一方、後者のケースとしては、企業が退職勧奨を行い、サラリーマン側がそれを受け入れるような場合がそれにあたります。

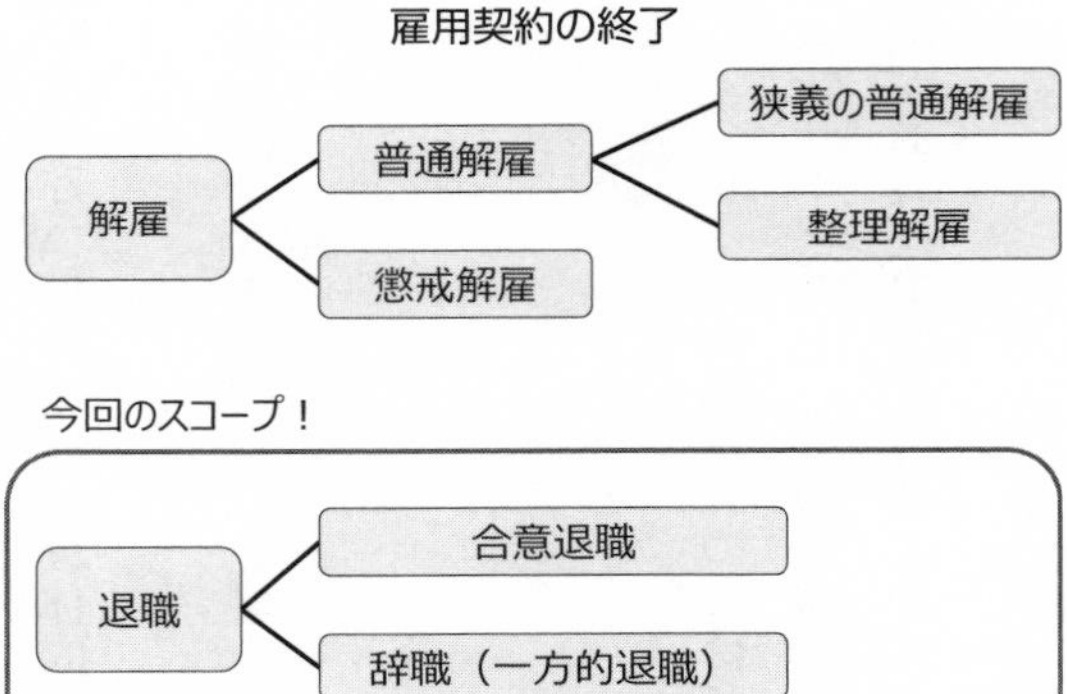

「辞職」（一方的退職）とは、サラリーマンが一方的に雇用契約を終了させることをいいます。企業が一方的に雇用契約を終了させる「解雇」と対になる概念です。契約社員など期間を定めた雇用契約は、原則として、その期間が満了した時は当然に終了しますので、この場合には、労働者または企業による特段の意思表示は必要ありません（以上は大原則であり、厚労省の告示により、雇止めに関しては一定の手続きルールが定められているので注意が必要です）

ここからが重要なのですが、**期間の定めのない雇用契約の場合（通常の正社員として働いている場合）、労働者は2週間の予告期間を置けば、いつでも辞職することができます。**「雇用契約」は、民法で定める13種類の典型契約の1つですが、民法627条に期間の定めがない雇用契約の解約の申し入れが定められています。

【民法】 第627条（期間の定めのない雇用の解約の申し入れ）

1．当事者が雇用の期間を定めなかった時は、各当事者は、いつでも解約の申入れをすることができる。この場合において、雇用は、解約の申入れの日から2週間を経過することによって終了する

退職書類の提出は、①合意退職の申込みである場合と、②辞職（一方的解約）である2つの場合が考えられるのですが、①の場合は、退職書類の提出は、あくまでも合意退職の「申込み」に過ぎないので、企業が「承諾」した場合にはじめて退職の効力が生じることになります。

一方、②の場合は、企業の承諾は不要であり、会社に到達した時点でただちに解約告知としての効力が生じることになります。①と②のどちらにあたるかについては、具体的な事実関係に応じて個々に解釈されることになりますが、一般的には「退職願」ではなく「退職届」を提出することにより、労働者において企業の意向を一切問わずに退職しようという意思が明確に伝わります。

長々と解説しましたが、ポイントは、（期間の定めがない）正社員雇用の場合、社員側から解約（退職）の申し出を行えば、解約申し出の日から2週間を経過することによって契約は終了し、辞めることができるという点です。

その際に「退職願」を提出すると先ほどの「合意退職」の申し出の色が強くなります。きっぱりと会社を辞めたい場合には、合意解約を申し出るニュアンスの強い「退職願」ではなく通知のニュアンスの強い「退職届」を提出すべきです。

撤回に関しては注意が必要です。退職書類の提出が合意退職の申込みである場合には、企業が承諾するまでは合意退職の効力が生じていないので、労働者は撤回することが可能ですが、一方的な解約通知である「退職届」の場合には、撤回はできません。

また、あなたの会社の就業規則において、「退職するにあたっては、会社の許可を得なければならない」という規定が置かれているかもしれません。退職を許可制にすることはできる（効果はある）のでしょうか。

この件に関しては、2週間の予告期間を置けばいつでも退職することができる民法627条に抵触するので、無効になります。それでは、就業規則において、「退職するにあたっては、3カ月前に退職届を提出しなければならない」というような民法よりも長い予告期間を設けておくことはできるのでしょうか。

これに関しても一般的には2週間の予告期間を置けばいつでも退職することができる民法627条に抵触するので、無効と考えられています。過去に民法よりも予告期間が長い就業規則の規定の効力について争われた裁判でもやはり「退職の申し出は1カ月前までに」というような規定は無効であるという判例が出ています。（高野メリヤス事件）

少々堅い話になりました。繰り返しになりますが、**期間の定めのない雇用契約（一般的な正社員契約）の場合、退職の意思を通知すれば民法の規定により、2週間後には解約する（辞める）ことができます。**会社の退職書類が「退職願」というフォームになっている場合もあるかと思いますが、毅然として会社を辞めたい場合には、タイトルを「退職願」から**「退職届」**に修正して提出されることをおすすめします。退職代行会社の手を借りなくても退職できることを理解いただけましたでしょうか。

1年後に退職日を設定し、その前提で準備を徹底的に進める

退職すること自体は、前述の解説で手続き的にはそれほど危惧することはないことをご理解いただけたかと思います。ここからは、実際の退職X-dayに向けた現実的な準備について解説します。

「辞めたい」という沸騰した思いを冷やし、したたかに冷静に準備したほうがセカンドキャリアの成功確率は高まります。〝今在籍している会社で1年後に働いている自分の姿が想像できるか、あるいはまったく想像できないかが「辞める」「辞めない」の分水嶺〟であることをすでに解説させていただきました。1年間待てないという状態は、かなり切

羽詰まった状態ですので、1年という単位は「辞めたい」のひっ迫度を測る単位になります。30年間転職もせずに勤め続けた筆者ですが、サラリーマンを辞めた時もやはり「もう1年は待てない」という感覚でした。

あなたが1年先の退職X-dayという設定でGOということであれば、準備期間を十分に確保することができますので、余裕を持ってセカンドキャリアに踏み出すことが可能です。

退職日を1年後にロックオンしたあなたはこれから何をすればいいのでしょうか。これから先の1年間は「仮面コンサルタント」としての就業になります。仮面コンサルタントとは、契約上は社員ですが、気持ちの上では独立したコンサルタントとして働くことを言います。期間限定で契約し、この1年間で成果を出すと覚悟したコンサルタントです。

今の会社にいる期間は1年しかありません。この期間を使って、「今いる会社のマネタイズの仕組みはどうなっているのか？」を徹底的に解明していきます。

ご自身が実際に独立して個人事業主になると痛感しますが、人を雇用して収益を出すことは本当に大変です。人を雇用して事業を行っている会社は、その企業オリジナルのマネタイズの仕組みを持っています。その仕組みを1年間かけて徹底的に理解し、同時に会社におけるご自身の役割を「見える化」します。あなたが今回会社を辞めるに至った経緯そのものも貴重なノウハウになります。

「1年間今の会社とコンサルティング契約を結び、経営コンサルタントとして会社に入り込んでいる」という意識で仕事をすることによって得られる情報は膨大なものになります。会社の機密情報を盗むのではありません。ずっとここにいると見えてこない会社運営のノウハウを自らのものとして財産化するのです。ずっと会社にいると思っている時にはその貴重さに気がつきません。また、会社を辞めてからは、決して身に着けることのできないノウハウがたくさんあります。こうしたノウハウを血肉化するために必要な期間がX-dayまでの1年間なのです。

どの世代でもまず実行！
～「転職サイト」に登録して今吹いているキャリアの風を直接感じる～

第1章で入社2年目&半年目の新入社員の半分がすでに転職サイトに登録済という調査結果を紹介させていただきました。その反面、ミドルシニア世代は、まだまだ転職サイトには縁遠くなんとなく違和感・距離感のようなものを感じていらっしゃる方も多いのではないでしょうか。

筆者自身がまさにそうでした。「転職サイトに登録すると会社に不満があることが伝わってしまうのではないか？」「転職サイトに登録して実際にオファーが来たらどうしようか？」など考え、会社を実際に辞めてから登録しようと思っていました。こうした懸念はまったくの杞憂に過ぎません。個人情報管理の厳しい昨今、転職サイトに登録したことが会社に伝わることなどありえませんし、ましてや50歳を超えたシニアに心配するほどオファーレターが来ることなど、おめでたいことは現実にはありません。

なお、転職を支援するサービスには、「転職エージェント（人材紹介）」と「転職サイト」があります。どちらも転職活動を支援するサービスですが、その違いについて解説しておきたいと思います。

まず、「転職エージェント（人材紹介）」ですが、こちらは対人型のサービスです。多くの転職エージェントの場合、まずは転職エージェント会社へ出向き、エージェント（キャリアアドバイザー、キャリアコーディネーターなど、呼び方は会社で異なります）と個別に面談を行います。そこで伝えた自身の経歴や希望をもとに、転職エージェントから求人が紹介されます。応募書類作成や面接の際にもサポートを受けることができるのが特徴です。転職エージェントは、転職希望者に担当のエージェントが伴走するイメージです。

一方転職サイトですが、こちらはWEBサイトを通じたサービスです。転職サイトは一般的に、さまざまな業界・職種の求人が掲載されていて、自由に検索、閲覧が可能です。数多くの求人情報を比較、検討した上で、転職サイトを通じて手軽に応募することができます。

転職エージェントと転職サイトの使い分けですが、**まだ転職が具体的ではなくとりあえず転職市場の動向を感じたいという場合には転職サイトにまず登録し、いよいよX-dayが決まり、いい案件があればいつでもGO!という場合には、転職エージェントも併用**されるといいと思います。

あなたが「会社を辞めたい」と思ったなら、**転職サイトへの登録はデフォルトの行動**になります。ハイクラス求人を紹介するビズリーチのCMに「登録者の約7割以上が市場価値を知るための利用している」とありますが、転職サイトへの登録の目的はまさにここにあります。

あなたが仕事してきた業界の求人動向や職種の動向が求人情報を浴びることで風を感じるように体感できます。転職サイトへの登録はもちろん自らの求人情報の探索という本来の目的もありますが、それ以上に重要なのは**市場で求められている知識・スキル・経験と**

自分が現時点で保有している知識・スキル・経験のギャップの把握です。

筆者の専門分野の人事でいうと、若手を中心に雇用の流動性が高まっている今は、中途採用ノウハウを持った人材が求められていることが自然にわかります。世の中で要求されているニーズとご自身の経験・スキルにギャップがあったとしても問題ありません。「中途採用の経験が欠けているな」と思えば、その領域の知識・ノウハウを獲得しておけばいいのです。同じ人事領域ですので、他部門の人と比較するとその領域には自然と鼻が利きます。**他職種の人に比べて「その領域に関してあたりがつき、容易に学ぶことができること」は、他の人にはないあなたの強み**です。あたりがある領域に関しては、他の人に比べてスキル・知識の獲得は各段に容易です。

「辞めたい」をエネルギーとして会社以外の居場所をつくる

転職サイトに登録すると同時に行うのが、「会社以外の居場所づくり」です。1回「会社を辞めたい」と思うたびに、会社以外の新たな居場所をつくっていきます。

居場所づくりは、**横の広がりと縦への深化**で考えます。次ページの下図をご覧ください。左は**新たな居場所を増やしていく方向**です。これからの時代、1つの会社に依存する「一本足打法」はリスクです。拠り所はマルチ化しておく必要があります。「会社を辞めたい」と思うたびに、このエネルギーを活用して居場所を増やしていきます。居場所は、仕事関係に限ることなく趣味、同窓会、地域でも何でも結構です。このように複数の居場所を横に広げるように増やしていくのがこの戦略です。

もう1つの戦略は、会社以外につくった新たな居場所で**関与度合いを増やしていく方向**です。もちろん、自分に合わない居場所に無理にコミットしていく必要はありません。自分と相性のいい、参加していて気持ちの良い居場所に限定して関与度を上げていきます。始めは一参加者として参加し

「会社を辞めたい」を居場所の拡大・深化につなげる

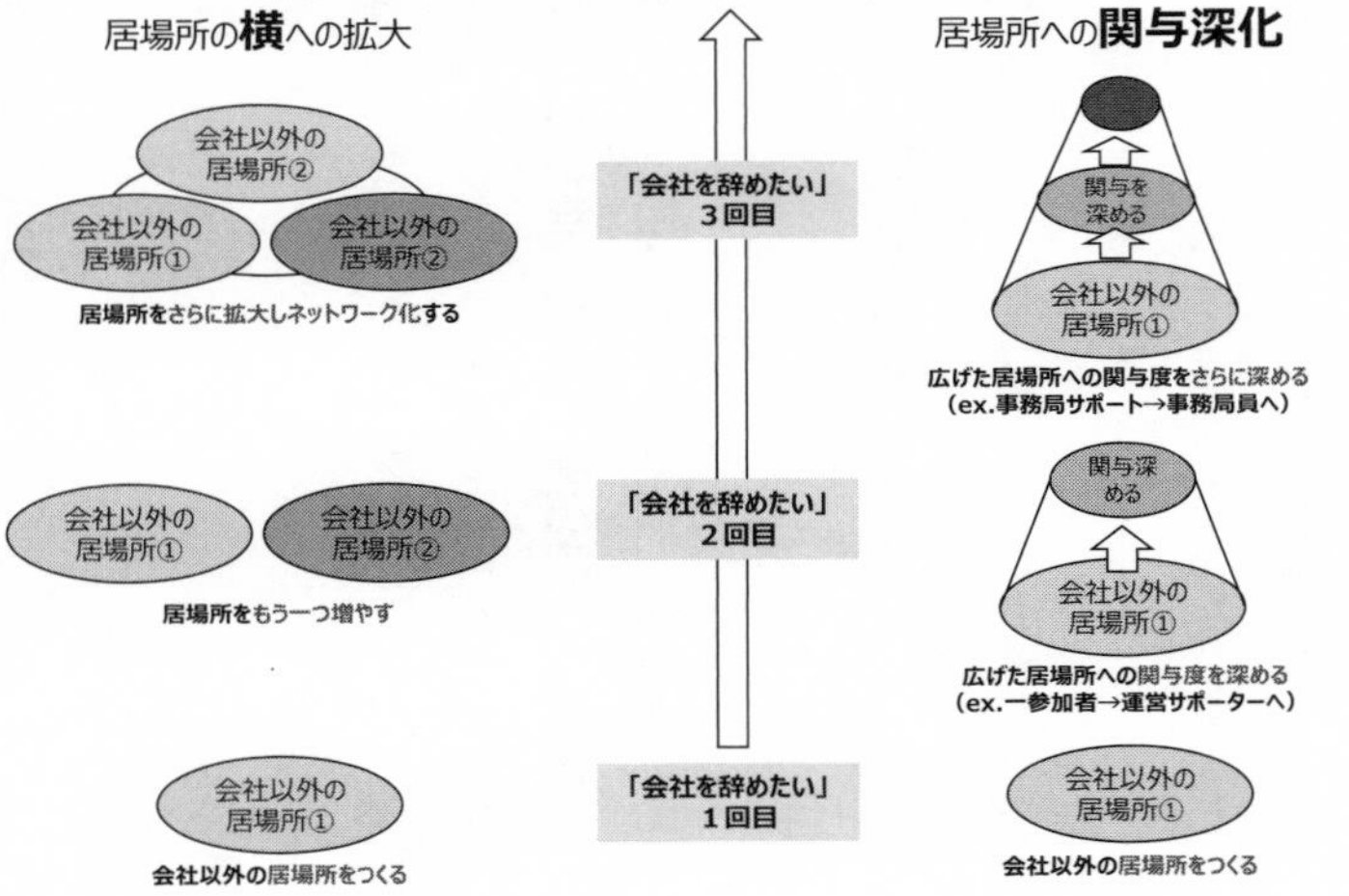

始めたコミュニティ（居場所）ですが、次はもっと関与度を高めて、今度は事務局のお手伝い役（サポーター）として参加します。さらに「会社を辞めたい」と思ったら、さらに関与度を上げ、事務局を担ったりします。

コロナ禍でリアルな対面の場が少なくなり、人脈構築の機会が減ったと思われる方も多いかと思いますが、実はチャンスは増えています。オンライン上で様々なコミュニティ（居場所）が立ち上がっています。リアルな会合では、休みを取ったり、土日に参加したり、それなりに労力が必要でした。これがオンラインなら参加は容易です。参加してみて自分に合わないと思ったら次回以降は参加しなければいいのです。

「会社を辞めたい」と思った時は、会社以外とつながりを持ちたい気持ちが一番高まっています。日頃は忙しさにかまけてコンタクトも取っていなかった外部のコミュニティと接触するチャンスです。このように「会社を辞めたい」マインドをいかに活かしていくことも「会社を辞めたい」思いをセカンドキャリアにつなげていくための秘訣です。

「会社を辞める時のチェックリスト」によるファイナルチェック

どんなにベテランの飛行機のパイロットも離陸や着陸の際には、機長と副操縦士の間で徹底的なチェックリスクの確認が行われます。パイロット同様に自ら設定した退職X-dayの2カ月前には退職チェックリストの読み上げを行います。セカンドキャリアへ離陸するか、今回は離陸を諦めるかの最終判断です。

セカンドキャリア離陸のためのチェックリストは添付のような内容です。

1年間の準備期間がありましたので、チェックリストの大部分の項目では「OK」のチェックが入っているかと思います。自信も持って滑走路に入り、エンジンを全開、V1（離陸決心速度）、VR（飛行機の引き上げ速度）、V2（安全離陸速度）とコールをして新たなキャリアへ旅立ちます。

セカンドキャリア離陸のためのチェックリスト

【大前提】「会社を辞めたい」理由が体調不良か？	
仕事を休み、体調回復につとめる	これからの専門家ネットワークの一つとしてかかりつけ医をつくる

↓ 回復後

①「会社を辞めたい」理由が、「ヒト・モノ・カネ・情報」の４要素のうち、3つ以上該当するか
②「会社を辞めたい」理由が、マトリックスの「自力では解決できない＆永続的・終わりが見えない」の象限に入っているか？
③「Pros&Cons」表で分析した結果、「会社を辞めた」方がメリットが大きいか？
④ すでに転職サイトに登録済で転職市場の状況をある程度把握しているか？
⑤ 1年後に今の会社で働き続けている姿が頭に浮かんでこない状態か？

↓ 5つのスクリーニングで４つともYes

１年後に自分独自のX-dayを定めて退職ステップ開始（その前でもいい案件があればGO）

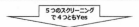

「慎重すぎるな」と感じる方もいらっしゃるかと思いますが、チェックリストをクリアしていくうちに必要な準備も整い、後悔のない自信を持ったセカンドキャリアに踏み出すことができます。上記ステップがデフォルトとなりますが、年代によりセカンドキャリア戦略はもちろん求人案件の件数や決まるまでの時間など雇用環境・置かれた立場等に大きな差があることも確かです。第４章では応用編として、年代別のさらに細かく「会社を辞めたい」→「セカンドキャリアへのつなげ方」を解説していきます。

第4章

各年代別「会社を辞めたい」マインドの活かし方（30代）

第3章では、各年代で共通する「会社を辞めたい」マインド（思い）に対する基本的な対処法を解説いたしました。第4章では、年代別に「会社を辞めたい」マインドをどうセカンドキャリアに結びつけていくかについて解説したいと思います。年代により転職市場での求人案件数や市場が求めるニーズは異なりますし、年代により自分自身が担う役割・責任も変わってきます。まずは、30代から見ていきたいと思います。

30代の「会社を辞めたい」

「35歳転職限界説」は本当か？

30代のセカンドキャリアを考える際に真っ先に頭に浮かんでくるのは、**「35歳転職限界説」**です。35歳転職限界説とは、転職活動を行う際に「35歳以上を対象とした求人は非常に少なく、35歳を超えてからの転職は難しい」という説ですが、読者の皆様もお聞きになったことがあるかと思います。実際30代の皆さんは、この説を強く意識されており、キャリアチェンジをするにしても35歳前に決断しなければ、と焦る気持ちをお持ちの方が多いです。

筆者は、長年人事部門で仕事をしてきましたので、新卒、中途採用の場面に当事者として数多く立ち会ってきました。人事担当者として、**若手応募者の年齢という情報だけから受ける印象**を率直に記してみます。新卒直後の20代前半から始めます。

まず、23歳という年齢の転職者が応募してきた場合の印象です。多くの新卒は22歳で入社しますので「入社1年目でドロップアウトしたんだな、耐性に欠けそうなので入社しても続かないな」と正直ネガティブな印象を持ちます。

これが24歳～26歳くらいになると変わってきます。「入社して2年間は頑張ったんだな、社会人としての基礎はできているだろうから、給与を新入社員と同じ条件で受け入れてくれるなら第二新卒として採用し今年の新卒と一緒に研修も受けてもらおう。海外留学や海外インターンに行けばこの年齢で入社することもあるし。専門知識は期待せずにまっさらな状態で受け入れてみよう」という感じになります。

もう少し年齢が上がり、27歳～29歳くらいになると第二新卒という感じではなくなり、新卒で入社した会社での職種（営業・人事・経理など）での専門知識・経験とその会社の属する業界に関する知識・経験も求めることになります。

30歳～33歳くらいになると即戦力採用になりますので、職種・業界経験はMUSTになり、小さなチームでのマネジメント経験（メンバー指導）も求めることになります。

34～35歳くらいになると、採用部署の管理職とのバランスをどうしても考えます。管理職ではなく一般職として入社可能な最期の年齢がこの年齢になります。近い将来の管理職候補者として採用しますので、職種・業界の専門知識・経験に加えて前職でそれなりのマネジメント経験もすでに有していることも条件に加わってきます。

36歳以上になると、高い専門能力やマネジメント実績を持つ管理職としての採用が中心になります。会社によっては、この年代ですでに管理職になっている場合も多く、採用する部署の管理職と同世代の部下では若手管理職も〝扱いにくい〟のも事実です。

以上、人事担当者として個人的な印象を書いてみました。このあたりの感覚は、経験してきた業種・人事担当者の年齢によっても変わってきますので、1つの見解として受け止めていただければと思います。

データ的にも最近は35歳以上の転職数も多くなっており、「35歳限界説」も昔話と言われることが多くなってきていますが、年齢が上がれば上がるほど即戦力性を求められ、高い専門能力・マネジメント実績がないと転職は難しいことは変わっていません。35歳という年齢にこだわる必要はありませんが、一採用担当者の見方としてぜひ上記のことは頭に入れておいていただければと思います。

30代という時代の特徴

「35歳転職限界説」の解説を通じて、30代での転職では高い専門知識・経験が求められ、必ずしも容易ではないことを解説させていただきましたが、やはり30代は中途採用の求人案件も多く、新たなことに挑戦しやすい時代です。30代とは、長いキャリアパスの中でどのような時代なのでしょうか。ここでは、リクルートワークス研究所所長の大久保幸夫氏の「筏下り」「山登り」論をご紹介したいと思います。

大久保幸夫氏は、著書『キャリアデザイン入門』の中で、キャリア形成を「筏下り」と「山登り」の2つのステージに分けて解説しています。

「筏下り」の時期は、目の前にある仕事を必死でこなす日々が続きます。大久保氏の筏下りのステージについての解説は以下の通りです。

「筏下りは、下流というゴールに目的があるわけではなく、そのプロセスに意味がある。自分がいったい何処へ向かっているのかもよくわからない。とにかく目の前の急流と向き合い、自分の持つすべての力を振りしぼってその急流や岩場を乗り越えていくのである。一つの急場を乗り越えれば、またすぐに難所がやってくる。その繰り返しをしていく中で、力をつける」（大久保幸夫、『キャリアデザイン入門［I］基礎力編〈第2版〉』、日経新書、2017年）

20代から30代半ばがここでいう「筏下り」のステージにあたります。このステージにいる間は、目の前の仕事に全力を尽くします。このプロセスの中で、自分の専門性や仕事の意義、仕事に関する価値観のようなものが見えてきます。

この筏下りのステージが終わると、「山登り」のステージが始まります。大久保氏の「山登り」に関する解説をまた引用させていただきます。

「山を選ぶということは自分がじっくりと腰をすえて取り組んでもいいと思える専門領

域を選ぶということに他ならない。シャインの言うところのキャリア・アンカーにも通じるもので、まさしく能力、価値、動機に関する自己イメージを統合する作業である」（同上）

30代半ばという年代は、まさにこの「山に登り始める」年代になります。自分が決めた専門領域でプロとして道を究めるこのステージは、自分が目指す「山（＝専門領域）」を決めてからスタートします。いくつもの山から自分が登る山を決め、登るルート、ペース、仲間を自分で選びます。

先ほど30代後半からは、「職種や業種に関する高い専門知識と経験」が求められることを指摘しましたが、30代からの「会社を辞めたい」にあたっては、あなたがこれから登る山が見えているかどうかは、非常に重要なポイントになります

今いる業種の特徴は？

あなたが今いる業種・企業の特徴についても理解しておく必要があります。雇用ジャーナリストで「雇用のカリスマ」と呼ばれる海老原嗣生氏の「人事の組み立て」（日経BP、

2021年、P182~188）の中で職業能力を「アプリ」（業界内でしか使えない）と「OS」（広くどこでも使える）に分けて解説しています。

アプリが重要な仕事とは、業界知識やノウハウなどを長年かけて積み上げる必要がある仕事です。エンジニアやスペシャリスト、メガバンクや大手メーカー、商社などがこのタイプに入ります。このタイプの入社2年目社員はまだヒヨッコです。例えば、メガバンクなどでは入社2年目の社員の金融知識など初歩の初歩レベルです。とてもグローバル展開を行う企業の財務スペシャリストを相手に金融戦略を提案するような仕事はできません。

一方、OSが重要な仕事では、業界知識やノウハウが2年で習得可能で、優秀者はすぐに頭角を現すことができます。不動産営業、外資生保、EC系セールス、人材系ビジネスがそのタイプに入ります。この領域の仕事では、入社2年間で業務に必要な知識を習得しその部門でナンバーワンの売り上げをあげることも不可能ではありません。

他社に勤務する大学時代の同期に比べて出世が遅いことを理由に「会社を辞めること」を考え始める30代のサラリーマンもいます。「大学同期はすでに営業部長になっているのに、自分はまだ平社員止まり。この会社に居続けていいものだろうか？」といったケースです。

この昇進スピードの違いが海老原氏の言う「アプリ系の仕事か／OS系の仕事か」によることが多々あります。OS系の仕事の場合、専門知識の習得は短期間で可能ですので、出世も早くなります（その一方ですぐに若手に追いつかれます）

あなたの「会社を辞めたい」理由が上記のような理由の場合、まずはご自身の仕事のタイプは何かを確認してみる必要があります。OS系の仕事では、「20代で営業部長」もあり得ますが、アプリ系仕事の典型である例えばメガバンクで「20代で銀座支店長」はありえないのです。隣の芝はどうしても青く見えます。

また、賃金などの労働条件に関しては、業種・会社の規模（大企業・中小企業）によって差があるのも残念ながら事実です。「令和3年分民間給与実態統計調査」（国税庁）により1年を通じて勤務した給与所得者の1人当たりの平均給与を業種別にみると、最も高いのは「電気・ガス・熱供給・水道業」の766万円、次いで「金融業，保険業」の677万円となっており、最も低いのは「宿泊業，飲食サービス業」の260万円となっています。また、大企業と中小企業間の平均給与に差があることは毎年発表される年収ランキング等でも日頃実感するところです。

業種、規模による労働条件の違いに関しては、第3章で紹介した「会社を辞める／辞めない」マトリックスでいう「自力では解決できない」領域です。こうした「会社を辞める」理由に関しては、思い切って踊る舞台を変えることも必要になってきます。30代は舞台を変えるチャンスの時代でもあります。

セカンドキャリアの羅針盤「キャリアデザインマップ」を作成する

第1章で新入社員の半数がすでに転職サイトに登録済という調査結果を紹介させていただきましたが、若い世代は学生のうちから、「自分のキャリアは自分で考える」習慣がついています。

筆者は、現在週1回国立の電気通信大学にて特任講師としてキャリアデザインの授業を担当していますが、ここでは理系2年生の学生に半年かけてキャリアデザインマップを書いてもらっています。キャリアデザインマップでは、自分の特徴・強みなどのAS-IS（現状）と自分のキャリアの方向性・あるべき姿などのTO-BE（将来）を明確にします。現状と方向性がはっきりして初めてギャップ（課題）が見えてきます。その上で将来のありたい姿を実現するための具体的なアクションプランを作成します。自律的なセカンドキャリアを実現するには必須のツールであり、**キャリアの羅針盤**ともいえるツールです。

第2章でブレインダンプにより、頭の中のモヤモヤをすべて吐き出す効果を紹介させていただきましたが、その吐き出された情報を整理し受け止めるツールがキャリアデザインマップになります。

モヤモヤとした自分の思い、気がついていない自分の強みなどを「見える化」する効果は絶大です。キャリアプランの作成・実行は、ナビによる車の運転と同じです。出発地点の情報を入れ、目標地点の情報をインプットすると、あとはナビが条件に応じた最適なルートを選んでくれます。今いる地点と行き先が決まっていなければいくら優秀なナビでも目的地まで案内してくれません。

下図は、筆者オリジナルのキャリアデザインマップです。キャリアデザインマップの作成方法については、ぜひ『知らないと後悔する定年後の働き方』

キャリアデザインの基本（AS-ISとTO-BE）

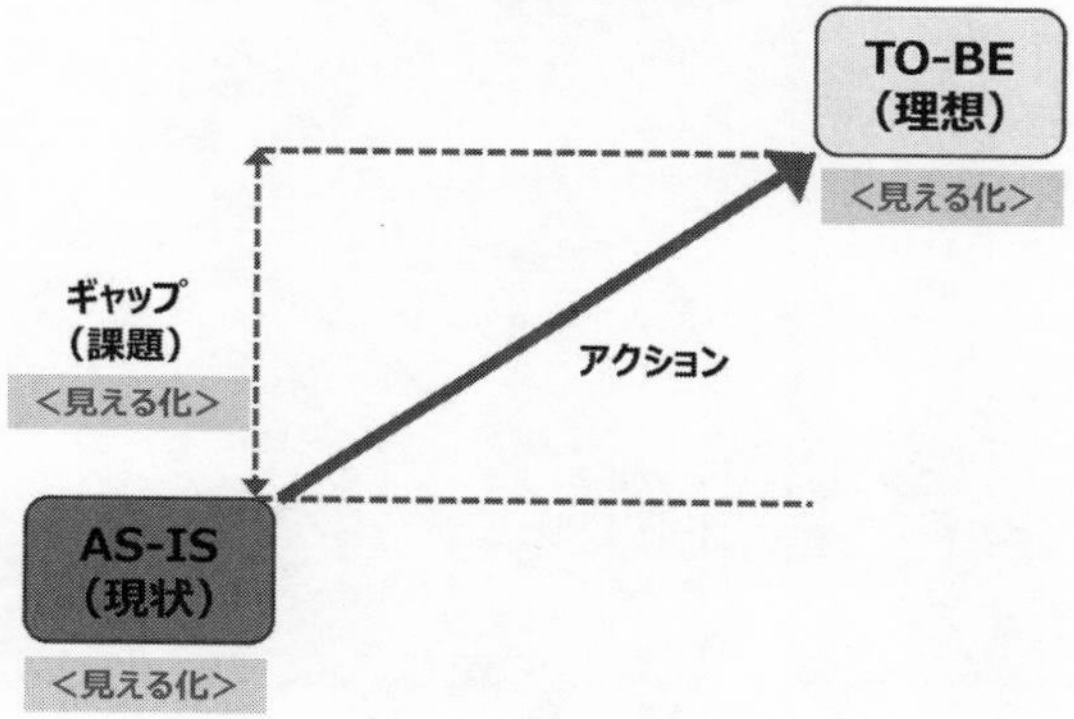

（フォレスト出版）を参照ください。キャリアデザインマップの作成要領を詳しく紹介しております。

　社会に出る前の大学生が作成しているくらいですので、キャリアデザインマップを書くのに最適な時期、年齢などありません。**「思い立ったが吉日」**です。ご自身のキャリアに不安や疑問を感じたときがキャリアデザインマップに取り組むチャ

キャリアデザインマップ
「一人個人事業主」版～自分会社事業計画～

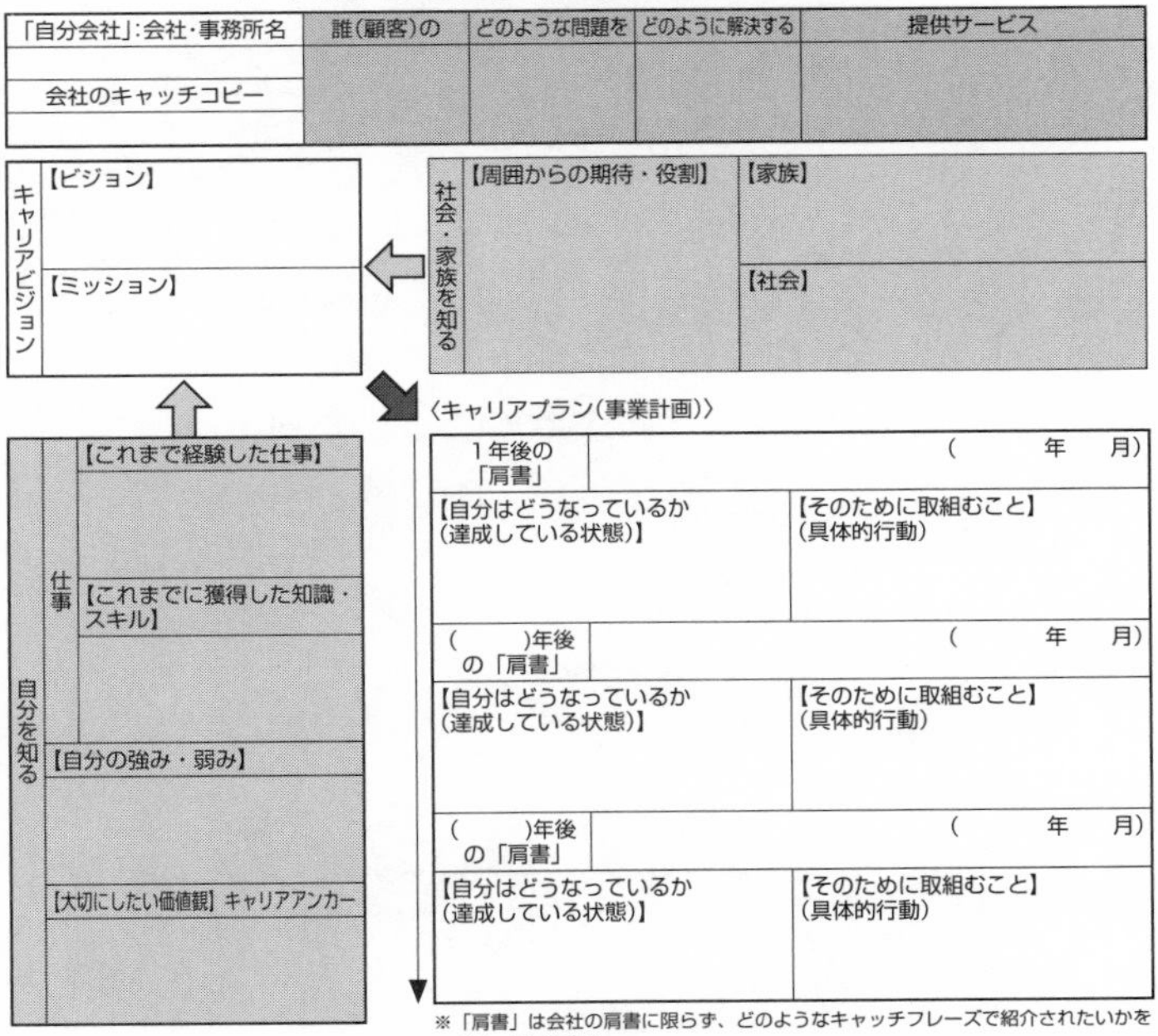

※「肩書」は会社の肩書に限らず、どのようなキャッチフレーズで紹介されたいかをイメージして書く

ンスです。

また、キャリアデザインマップは、1回作成したら終わりではありません。ご自身を取り巻く環境や家族状況、興味関心も当然変わってきます。キャリアデザインマップを活きたキャリアの羅針盤とするためにも、**定期的な見直し更新も重要**です。

労働市場での自分の市場価値を常にウォッチしておくことは30代ではもはや基本動作

第3章で「会社を辞めたい」と思ったときにまず取るべき行動として「転職サイトに登録する」ことをあげました。30代では、会社を辞めたいと思っても思わなくても転職サイトに登録することは、基本中の基本動作と思ってください。なぜなら、**30代という年代は、転職市場において最も人材として求められ転職オポチュニティが高まる時期であり、このチャンスをみすみす逃す手はない**からです。

現在大手の転職サイトでのマッチングは、ほぼＡＩによって行われています。企業側が求める条件を要素に分解し、一方転職者側のキャリアも職種、業界などに要素化し、それをＡＩが自動的に結びつけます。自分の志向とは合わない求人情報が頻繁に飛んでくる場合には、転職サイトに登録したご自身のキャリアの棚卸しが不十分なことも考えられます。

ご自身の今までのキャリアや今後の希望を外の世界に提示し、それを外部の目で見てもらうことは重要です。転職サイトへの登録は無料ですので、転職する気がなかったとしても**無料で外部からの客観的なキャリア診断をしてもらえている**と考えるだけでも登録しない手はありません。

30代は重層的に役割が増えていく時期（ライフキャリアレインボーの考え方）

ライフキャリアレインボーという言葉を聞いたことがありますか。ライフキャリアレインボーとは、キャリア＝職業とは考えず、キャリアを人生のある年齢や場面のさまざまな役割（ライフロール）の組み合わせと定義するキャリア理論です。アメリカの教育学者、ドナルド・Ｅ・スーパーが１９５０年代に提唱しました。人は生涯にわたり、社会生活や家族の中において経験や役割を積み重ねていきます。その中で自己のキャリアを形成していくという考えです（次ページの下図参照）。

30代という年代は、この役割が重層的に増えていく時期と重なります。結婚することによって、パートナー（配偶者）という役割が加わり、子どもが生まれることにより、親という役割が加わります。

30代からの「会社を辞めたい」においては、前もってこのように役割が増えていくことを計画に入れておく必要があります。一般的にいって結婚前の時期でしたら、比較的自分の独断で「会社を辞める」ことを決めることができますが、家庭を持つとキャリアチェンジに関しては、多くの場合〝制約〟がついてきます。結婚後は、パートナーの意向も考慮する必要がありますし、子どもの教育環境の要素も考慮に入れる必要も出てきます。関係者が増えれば増えるほどキャリアチェンジには慎重な対応が求められるようになることは常に頭に入れておく必要があります。

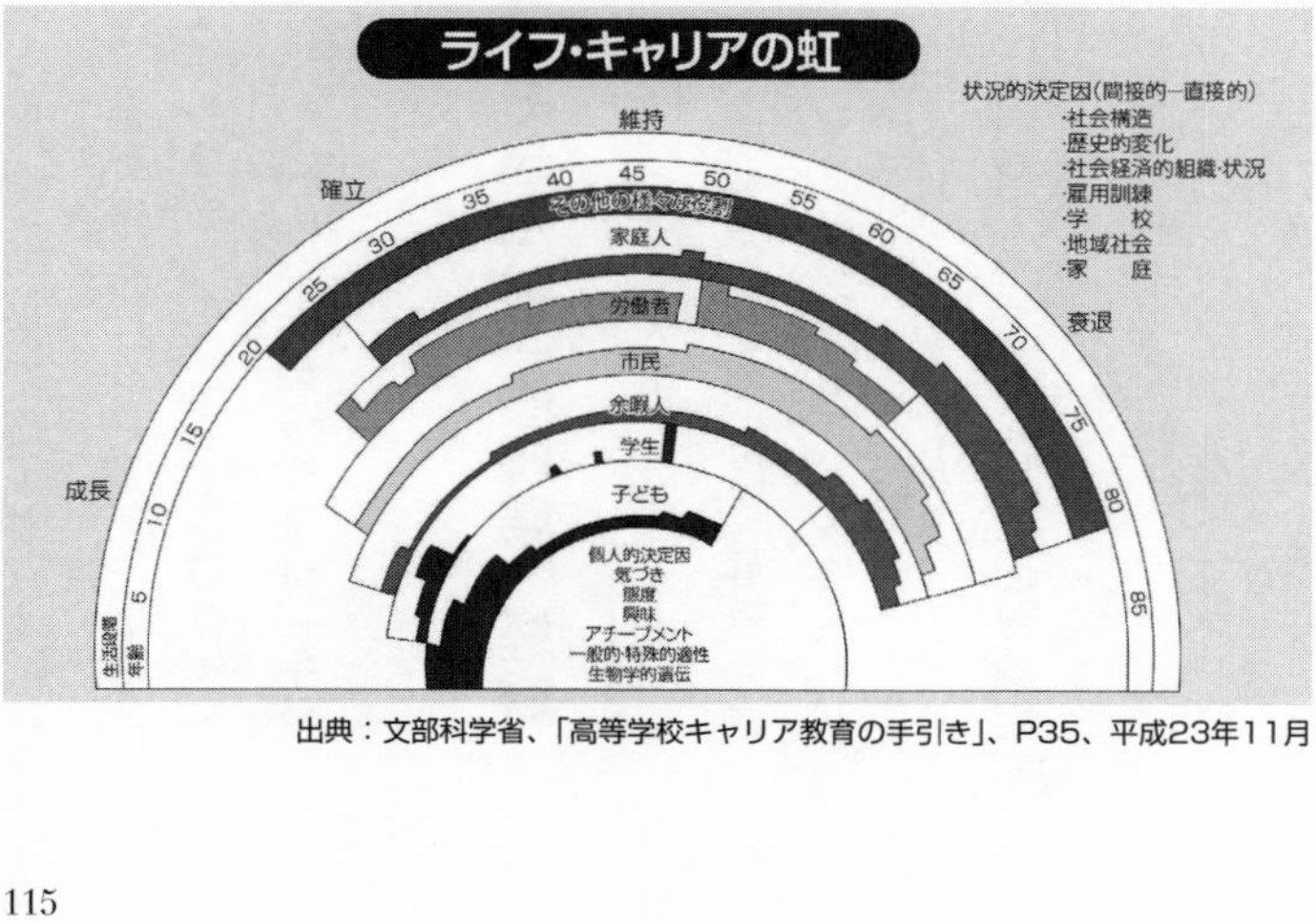

出典：文部科学省、「高等学校キャリア教育の手引き」、P35、平成23年11月

ライフキャリアレインボーに関して付け加えると、従来は高校・大学で終了と考えられていた学生（＝学ぶ人）という役割の位置づけも変わってきています。学生時代の蓄積と会社に入ってからの社内研修のみで定年まで行けた時代は終わりました。「人生１００年・現役80歳時代」には、**常に学び続けることが必要**であり、「学ぶ人」という役割は終生続きます。

やはり30代は踏ん張りどころ、あえて積んでおきたい「修羅場」経験

外資系コンサルティング会社が官僚や伝統的な大企業に変わって東大生の就職先の上位を占めるようになっています。２０２２年卒業生の就職先で最も多かったのは、外資系コンサルのアクセンチュア。就職先の上位10社は、以下、２位ソニーグループ、３位楽天グループ、４位マッキンゼー・アンド・カンパニー、５位日立製作所、６位に同数でソフトバンク、野村総合研究所、PwCコンサルティング、９位に同数でヤフーと富士通が続いています。

外資系コンサルと言えば、一般的には激務のイメージが強い業界ですが、高い給与水準に加えて、自らの成長とやりがいを重視する学生には適した環境が用意されていることが

人気の理由にあるかと思います。コンサルの仕事をステップに、起業やキャリアアップを目指す学生も少なくありません。時間をかけてじっくりと優秀な社員を育てる日本型の伝統的な企業のやり方では、ますます激化するグローバル競争やパラダイムチェンジする企業環境の変化についてはいけないという本能的な危機意識の表れかもしれません。

この章でもリクルートワークス研究所大久保氏の「筏下り」「山登り」説を紹介させていただきましたが、筏下りの中には、修羅場経験も入っています。修羅場経験とは、それまでの経験では太刀打ちできないような大変な経験のことを指します。例えば、不祥事対応や想定外の環境変化などに立ち向かうといったことが修羅場経験に当てはまります。

高度成長の時代には、一人前になるまで10年～15年とじっくり時間をかけ育成していく伝統的大企業の育成方法が効果的でした。専門知識・スキルを時間かけて獲得していくことにより、企業へのエンゲージメントも高まりますし、企業に個別最適な、言い換えると他社での汎用性がそれほど高くない専門知識やスキルを時間かけて獲得してもらうことは人材の社内囲いこみの観点でも合理的でした。それが今は変わりました。短期間のうちに密度濃く修羅場経験を積んでいくコンサル企業のほうが環境変化に対してキャリア的にも合理的な選択肢になってきたのです。

あなたがどんな業界にいるにしても30代は進んで修羅場経験を積んでいくべき時代です。もちろん健康を害するような激務はNGですが、目の前に現れた修羅場に関しては、逃げることなく経験として立ち向かっていくことがあとのキャリアに効いてきます。キャリアチェンジの成功者の自伝を読むと、やはり成功のベースには若いころの修羅場経験にあることがわかります。誤解を招く言い方になるかもしれませんが、頑張りどころを逃すことなく、この時期は**流行に乗るようにワークライフバランス派に安易に追従しないことも必要**です。

資格を取るならこの時期

キャリアチェンジを考える先に、まず真っ先に頭に浮かぶのが資格取得や検定受験です。筆者もいくつかの資格を持っていますが、やはり自ら学んで資格を取っておくことは自信にもなりますし、また、いつまでも無くならない自分独自の財産になります。

資格取得・検定受験の鉄則は、できるだけ若いうちに取っておくことです。特に業務独占系大型資格にチャレンジするのであれば、ロールモデルで役割が増えていく前の20代～30代がチャンスです。業務独占系大型資格とは、取得に時間がかかり（おおむね1年以上）、その資格をもっていなければ業務ができないような資格のことを言います。弁護士、公認会計士、税理士、不動産鑑定士、土地家屋調査士、司法書士、行政書士、社会保険労務士などがその資格にあたります。また、業務独占資格ではありませんが、中小企業診断士や技術士なども取得に時間がかかりますので、これらの資格を取得するのならこの時期です。

資格取得には、今まで担当してきた実務経験を外部に認証する効果もあります。今までのキャリアを資格・検定という形で確実に履歴として残していくイメージです。事務系であれば、衛生管理者、簿記、販売士、秘書検定など。技術系であれば、基本情報技術者、危険物取扱者、作業環境測定士など様々な資格・検定試験があります。

この目的で資格を取得する場合には、公的資格or民間資格、独占資格or名称資格とかにあまりこだわる必要はありません。「国家資格でないと意味がない、独占資格でないと食えない」等のコメントがネット上で飛び交っていますが、気にすることはありません。資格取得・検定受験の目的は、**今までの実務経験を裏付ける**ことにあるのです。

また、社内で必要とされる資格があれば自ら進んでチャレンジしてください。例えば、衛生管理者という資格があります。業種に限らず常時50人以上の労働者を使用する事業者は、その事業場専属の衛生管理者を選任しなければなりません。有資格者の退職などで慌てて従業員の中から受験させて対応するケースも多いですが、どんな企業でも必置の資格ですので、こうした資格は、ぜひ自ら立候補してでも30代に取得しておくことを進めます。

目の前の仕事を「ロクゲン主義」で徹底的に究める

ロクゲン主義とは、多摩大学大学院の徳岡晃一郎名誉教授が提唱する仕事への取組み方です。三現主義は、「現場で・現物を見て・現実的に」課題を解決しようとする姿勢のことで、メーカーの工場などでは問題解決の基本動作になっています。この三現主義に知識創造理論の観点からさらに「原理・原則・原点」を加えたものが「ロクゲン主義」です。

自分が今担当している仕事で疑問に思ったこと、理解できなかったことをスルーすることなく徹底的に確認します。あいまいなところは、残さずに納得のいくまで自分の担当領域に関しては原理・原則・原点まで調べ実践知に昇華することで、その分野に関しては日本の第一人者であることを目指すイメージです。

□何を根拠にこの仕事をしているのだろうか？
□この言葉は最近頻繁に耳にするが、正確な意味は何だろう？
□この取引の利益の源泉はどこにあるのか？

このように、子どもが疑問を解決するように「なぜなぜ」を繰り返します。今の時代は、ネットを調べれば解決の糸口は見つかります。自分の専門領域であればネット情報の真贋《がん》もわかります（ネット情報を見て真贋の判定がつく領域が自分の専門分野です）。ネットで解決できなければ、書籍、論文、専門家への直接問い合わせなど、ありとあらゆる経路を使って疑問をつぶします。これを行動基準として日々目の前の仕事に取り組んでいけば、間違いなくその領域の第一人者になれます。

業務のアウトソーシング化（外注化）により、ブラックボックス化が進んでいます。その領域の専門家ではなく、単なる〝調整人〟になりがちです。30代でその領域（どんなに狭い領域でも構いません）に関する第一人者になっているか、それとも単なる〝調整人〟で留まるかにより、それ以降のキャリアが変わります。

30代は実績を積み上げる時期

ロクゲン主義により、担当分野の第一人者になっておくことを解説させていただきましたが、その結果は確実に実績（目に見えるもの）に残すことを考えておく必要があります。その1つの手段が資格取得・検定受験であり、外部だけでなく社内での表彰や社内検定受験もその手段です。

会社では日々様々な改善活動などが行われています。そうした活動の成果を一過性のものとして、「やっと終わった、やれやれ」と忘却の彼方に追いやっているサラリーマンが多いですが、もったいない限りです。取り組んだ内容を自分でそしゃくしノウハウ化することを意識しましょう。実務の現場で経験したことは、実際に現実の場面で起こった事実ですので、今の仕事でしか体験できません。

外部のコンサルタントが現場に入りたがるのは、この現場で起きている生データに触れ、それをベースに仮説を立てモデル化することに目的があります。モデル化された内容は、もはや一企業だけで起きているスペシャルなケースではなく、他の企業でも広く汎用性を持ちます。30代から目の前にある生データの貴重さを理解し、それを常に抽象化することを心がけることにより、どこでも使えるあなた独自のキャリアを構築することができます。

最近では、情報セキュリティの観点から社内情報を外部にそのまま持ち出すことは禁止されていますが、自分が体験したことをベースに独自にモデル化した情報はあなた固有のオリジナル情報です。こうしたオリジナル情報は、会社内ではなく自宅の個人データベースに実績として貯めていきます。

また、実績を残す際に意識することは、極力実績を数値化することです。数値化された実績は、やはり説得力が違います。

人事ノウハウの例

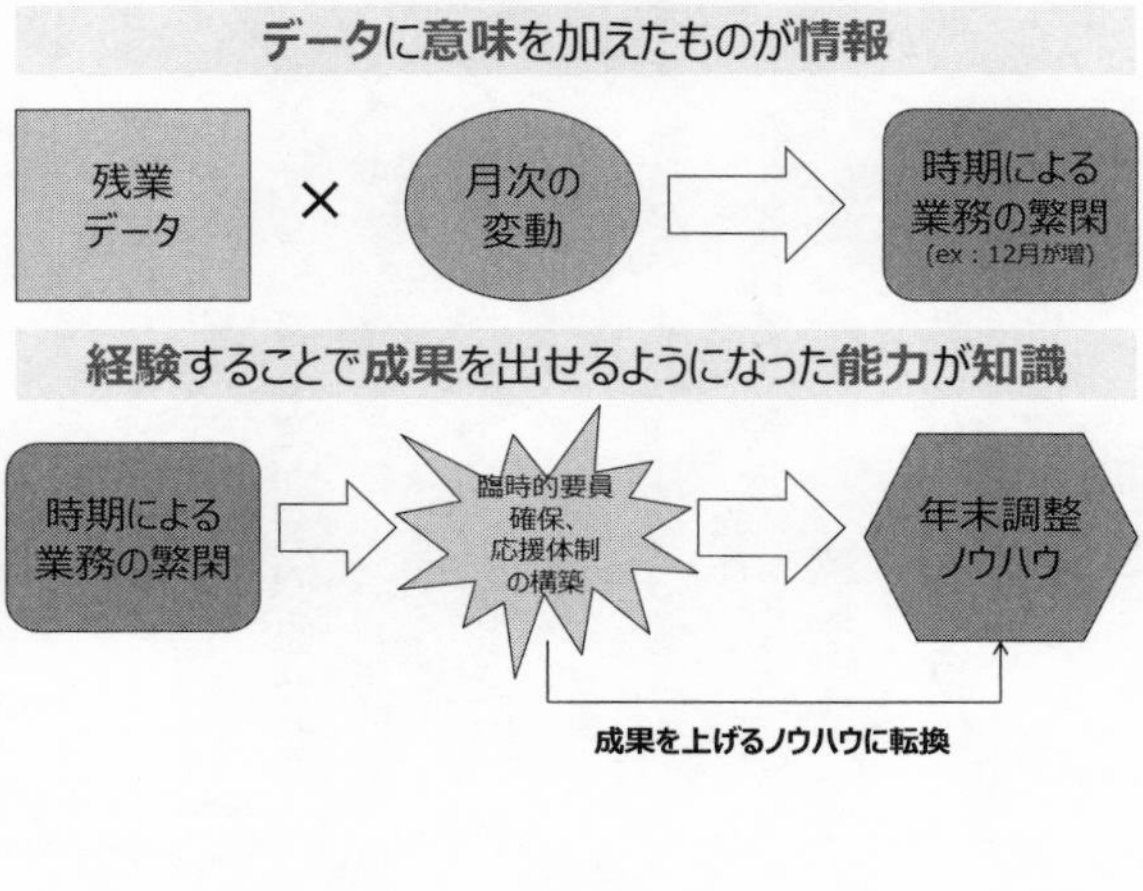

30代独身時代は、シェアハウスに住んでみることも考えてみる
（かつての独身寮を再現する）

あなたは、独身寮に住んだことがありますか。筆者は1984年入社ですが、入社から5年間は独身寮で生活していました。同期社員もいれば先輩社員もいましたが、衣食住をともにすることでメンバー間の距離は大幅に縮まり、その関係は長く続きます。35年以上経ち、会社は別々になった現在でもその当時の寮生仲間とは付き合いが続いているほどです。

こうした企業の独身寮は、バブル崩壊後に売却が相次ぎましたが、最近は社員の働きやすい環境づくりで優秀な人材の採用などにつなげようと、新たに整備する動きが出てきているようです。

また、最近では会社運営の独身寮ではなく、違った会社、国籍の人たちが1つの建物に住みあうシェアハウスも増えてきています。キッチンやリビングなどを複数のテナントで「シェア（共有）」することで住空間の効率化を計り、より価値の高い住宅を抑えた価格で提供できるようにした物件です。もちろん自分だけの個室が確保され、プライベートはし

っかり確保されている物件がほとんどです。

独身時代の30代には、こうしたシェアハウスに住んでみるのも良い経験です。価格面でのメリットのみならず人と触れ合う機会が増えるという点でもワンルーム暮らしにはない大きなメリットです。違う会社で働くサラリーマンと住まいを同じくする効果は大きいです。顔を合わす機会は自然と多くなりますので、話をする機会も増えてきます。自分の会社の常識が世間の非常識であることに気がつけたり、同じ社内のメンバーには言えない話もできたりします。人生１００年・現役80歳時代こそ、かつての独身寮のような「同じ釜の飯を食う」的な経験が活きてきます。ネットで検索すると数多くのシェアハウスがヒットしますので、ご興味がある方は一度検討されてはいかがでしょうか。

社内ボランティアなどに積極的に参画するのも30代がベスト

兼業・副業が当たり前になりつつありますが、兼業・副業が認めていない企業もまだまだ多数派です。こうした企業に勤務するサラリーマンの中は、「自分の会社では兼業も副業も認められていない」と本業以外の活動をできないことを不満に思い、結果としてこうした不満をきっかけにキャリアチェンジを考える30代の方も多いです。

しかしながら、こうした兼業・副業を認めていない企業でも儲けを追求しないボランティア活動に対しては比較的寛容な企業も多いです。東日本大震災や熊本地震などの際には、多くの企業で被災地に社員をボランティア派遣しましたが、実は兼業・副業と同等以上の経験をこうしたボランティア活動でも得ることができます。

もし、退職することなく、社外でのこうしたボランティア活動に参画できる機会があれば、30代で積極的にチャレンジすることをおすすめします。兼業・副業の第一義的な目的は、経済的な収入の確保（収入源のマルチ化）にありますが、その効果は経済面だけにとどまらず、個人のスキル・経験のマルチ化や人脈のマルチ化にも及びます。兼業・副業が認められていなくても、ボランティア活動により兼業・副業と同様の経験を積むことができます。こうした経験も間違いなく修羅場経験の1つであり、それ以降のキャリアチェンジのための大きな財産になります。

30代だからこそできること

セカンドキャリアを模索し始める時期として30代という世代は最適です。何でもできる体力も気力もあります。今まで経験してきた領域以外の新たな専門性を獲得する時間があるのも30代です。10年を単位として自分自身のキャリアにマイルストンを置き、アクションプランを実行していきましょう。どの分野でも一人前になるまでには1万時間の経験が必要と言われますが、30代から始めれば十分に間に合います。もう1つの専門性を獲得して掛け算で自分のキャリアをレア化していきましょう。

　2021年9月9日の経済同友会のセミナーにおいて、サントリーホールディングス株式会社の新浪剛志代表取締役社長が、「定年を45歳にすれば、20代や30代の人達が自分の人生を考えて勉強するようになる」という「45歳定年制」を唱えたことが話題になりました。この発言

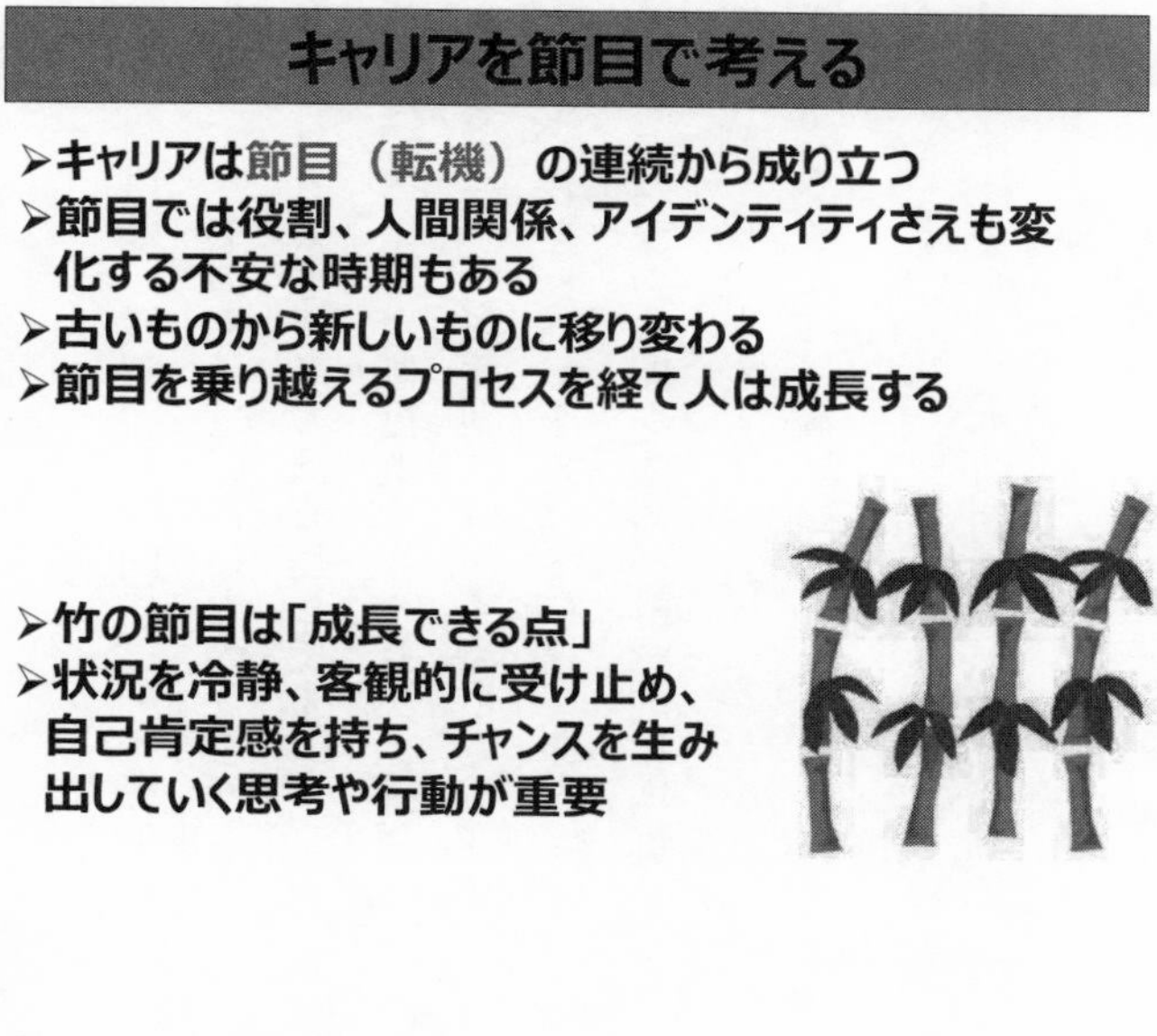
キャリアを節目で考える
➢キャリアは節目（転機）の連続から成り立つ
➢節目では役割、人間関係、アイデンティティさえも変化する不安な時期もある
➢古いものから新しいものに移り変わる
➢節目を乗り越えるプロセスを経て人は成長する
➢竹の節目は「成長できる点」
➢状況を冷静、客観的に受け止め、自己肯定感を持ち、チャンスを生み出していく思考や行動が重要

は多くのサラリーマンにインパクトを与え「中高年をリストラしたいがゆえの発言だ」というネガティブなコメントも多く見受けられました。

キャリアは節目の連続で成り立ちます。キャリアの節目は、役割、人間関係、アイデンティティさえも変化する不安な時期でもあります。キャリアの節目は、古いものから新しいものに移り変わる時期であり、節目を乗り越えるプロセスを経て人は成長します。

30代では幸いにして、シニアが迎える役職定年や定年のような制度的なキャリアの節目が少ない時期にあたります。こうした時期だからこそ、「45歳定年制」に対するネガティブな世間の見方に同調することなく、自らの定年（ファーストキャリアの終わり）を意識的に設定していく必要があります。自らのキャリアチェンジの時期を決め、計画的に準備を進めていく。これこそが新浪氏が唱える「45歳定年制」にほかなりません。

「会社を辞めたい」という思いを一時の感情に留めることなく、本章で解説した具体的な行動につなげていくこと、これが本章で最も伝えたかった内容です。30代は、様々な選択肢があり、最もセカンドキャリア踏み出しに有利な年代です。この時期を逃してはいけません。

第5章

各年代別「会社を辞めたい」マインドの活かし方（40代）

40代の「会社を辞めたい」

40代という世代の位置づけ　「人生の正午」

40代という世代は、会社におけるキャリアでも知識や経験が蓄積され、肩書もそれなりについてまさに脂が乗ってくる時期です。会社運営の中核人材として会社からの期待も大きく、責任も権限も増えてきます。

その一方で、仕事にも慣れ日々の仕事にマンネリ感を感じ始める時期でもあります。こうしたマンネリ感・停滞感は、「キャリアプラトー」（キャリアの踊り場）とも呼ばれます。与えられた仕事はそれなりにこなしてきたが、特に大きな実績は上げてきたわけではない、出世コースにも乗っていない。心の底から湧いてくるものもなく、ただ目の前の仕事を淡々とこなす日々。自分はこのままのキャリアでいいのだろうか?とセカンドキャリアに関して初めて真剣に考え始める人が出てくるのもこの40代という年代です。

ミドルシニア層の会社員を退職とした調査（法政大学大学院 石山研究室×パーソル総合研究所「ミドルからの躍進を探究するプロジェクト」、2017年11月）によると、42・5歳で会社での出世への意欲の割合（「出世したいと思う人」と「出世したいとは思わない人」の割合）が逆転し、45・5歳で「キャリアの終わり」が意識され始めます。つまり、40代後半では半分以上の人が出世もキャリア構築もあきらめているのです。

筆者は、44歳のときに新卒入社した会社を離れ、人事オペレーションの関係会社に転籍しました。出向も転籍も会社の異動の一種ですが、その効果はまったく異なります。出向は、出向元会社にまだ籍がある状態ですが、転籍になると今までいた会社とは縁がすっぱり切れ、新たにそちらの会社に「入社」することになります。筆者も意気揚々と新卒で入社した会社を44歳で離れた（退職した）ときは、やはり一抹の寂しさを正直感じました。「これで自分のキャリアは終わった」とまさにキャリアの終焉感のようなものを感じたことを思い出します。

心理学者カール・グスタフ・ユングは、ひとりの人生を一日の太陽の運行になぞらえて、人生を「少年」「青年前期」「中年」「老年」という4つの特徴ある時期に分け、40歳前後の時期を「人生の正午」と呼びました（ライフサイクル理論）。
ユングは、「人生の午前の法則を人生の午後に引きずり込む人は、心の損害という代価を支払わなければならない」。また、「午前から午後へ移行するときは、以前の価値の値踏みの仕直しである」ともいっています。ユングは、特にこの中年期を最大の危機を迎える時期と考えていたのです。

多摩大学大学院の徳岡晃一郎名誉教授は、20代から30代をファーストキャリア、40代から50代をセカンドキャリア、60代以降をサードキャリアと考える「人生三毛作」を提唱されています。40歳でいったんキャリアを区切ってファーストキャリアを終わりにし、その後セカンドキャリアに移り、60歳になった時点でまたそれまでのキャリアを見直したうえで、セカンドキャリアを続けるのか別の道を進むのか決断するという、20年ごとのサイクルでキャリアを考えようというものです。前節で触れた「45歳定年制」に近い考え方です。

この人生の正午のタイミングで危機感を持たずにぼんやりと何も考えずに会社に勤務しそのまま定年を迎えるのはリスクです。この時期の「会社を辞めたい」マインドを見逃すことなく、また無理に抑圧することなく、セカンドキャリアを考えるためのきっかけとして活用しましょう。

セカンドキャリアとしての転職を考える最後のチャンス

転職市場で一般的に企業が40代の人材に求めているのは専門性やマネジメント力です。そのため、専門性や管理職のキャリアが不足していれば、30代以下の若手の転職に比較して40代の転職は正直難しくなります。また、30代のパート（第3章）でも説明しましたが、採用企業の上司が30代の年下などの場合、「自分よりも年齢が高いと扱いづらいのでは」と判断されがちですので、応募者本人の人間性やスキルなどよりもまずは年齢を見られて面接まで進めないことは少なくありません。求人に関しては、20代、30代をピークとして**年齢が上がるにつれて条件も厳しくなり、案件自体少なくなる**ことは理解しておく必要があります。

また、仕事でも家庭でも役割と責任が重くなっていく40代からのセカンドキャリア踏み出しに関しては、20代・30代とは異なる制約条件が出てきます。**「住宅ローン」と「教育費」**です。

人生の3大費用とは、「住宅費」「教育費」「老後費用」（or生命保険）と言われますが、この前の2つが40代から現実的な重石（おもし）になってきます。特にこの2つの費用には、**下方硬直性（下げようと思っても下げにくい）があり、この特徴がキャリアチェンジをしようという思いにブレーキをかけてきます。**

家を買う年齢は、マンション・戸建て、新築・中古などの住宅の種類によって異なりますが、購入時の平均年齢はいずれも40歳前後です。家を購入すると、その地域にある程度の期間は住み続けるという前提で購入しますので、賃貸の場合のように気軽に引っ越しはできません。家族もその地域に長く住めば住むほど友人・知人も増え、各々個別のコミュニティを形成していきます。

教育費も同様です。公立小中高校の場合は、それほど教育費は問題になりませんが、子どもが私立に通学するとなるとやはりかなりの費用がかかります。学年が上がるにつれ、塾・部活費用などもかさんできますが、親としては「学校を変わってくれ」「塾を辞めてくれ」とはなかなか言えません。40代以降は、「辞めたくても辞められない」状況に置かれがちなのです。こうした現実に直面し、「辞めたい思い」を自分の心の奥底に封印する40代サラリーマンは多いです。

こうした制約を負った40代からのセカンドキャリアの踏み出しでは、まずは長期間の無給期間は極力避けなければなりません。すなわち、**「転職先を決めてから会社を辞める」**

という転職の鉄則を守って活動する必要があります。もちろん、失業期間中は雇用保険から失業手当が支給されますが、今までの賃金の50％～80％程度であり期間も限定されています。

今まで会社に尽くし続けてきたサラリーマンの方ほど「入社以来、何十年も頑張ってきたのだから少しゆっくりしてから転職活動を始めよう」と「充電期間」を設けようと考えがちですが、**「転職先を決めてから会社を辞める」**というこの転職の鉄則をまずは順守すべきです。この期間はネクタイを絞めることもなくなり1日中ジャージ姿で過ごすことが多くなり、キャリア的には「充電期間」ではなく、「放電期間」になりがちです。40代のセカンドキャリア踏み出しにおいて、常に頭に入れておいていただきたい鉄則です。

40代からのキャリアチェンジに絶対必要な「家族キャリアマップ」

40代は、「パートナー（配偶者）」「親」としての責任が重く圧し掛かってくる世代です。前述の通り、40代からのキャリアチェンジでは、自分の思いだけではなく、家族の状況、思いも踏まえた上で考えていく必要があります。キャリアというと、どうしても自分のキャリアイベントのみを考えがちですが、配偶者、お子さんのそれぞれ自分のキャリアプランを実は持っています。それゆえに、家族全員のライフプランを考慮に入れた上であなたのキャリアプランを作成する必要があります。ご自身のキャリアプランとご家族のキャリアプランを連携させるツールが「家族キャリアマップ」です。

「家族キャリアマップ」には、あなただけでなく、家族全員の時間軸と家族イベントが入っています。

「家族キャリアマップ」を作成すべき理由ですが、家族を巻き込まないミドルシニア（40歳以上）からのキャリアチェンジは失敗する可能性が高いからです。

実際に筆者が経験した事例ですが、出向に出ることを配偶者に相談せず直前で相談

家族キャリアマップ（構成図）

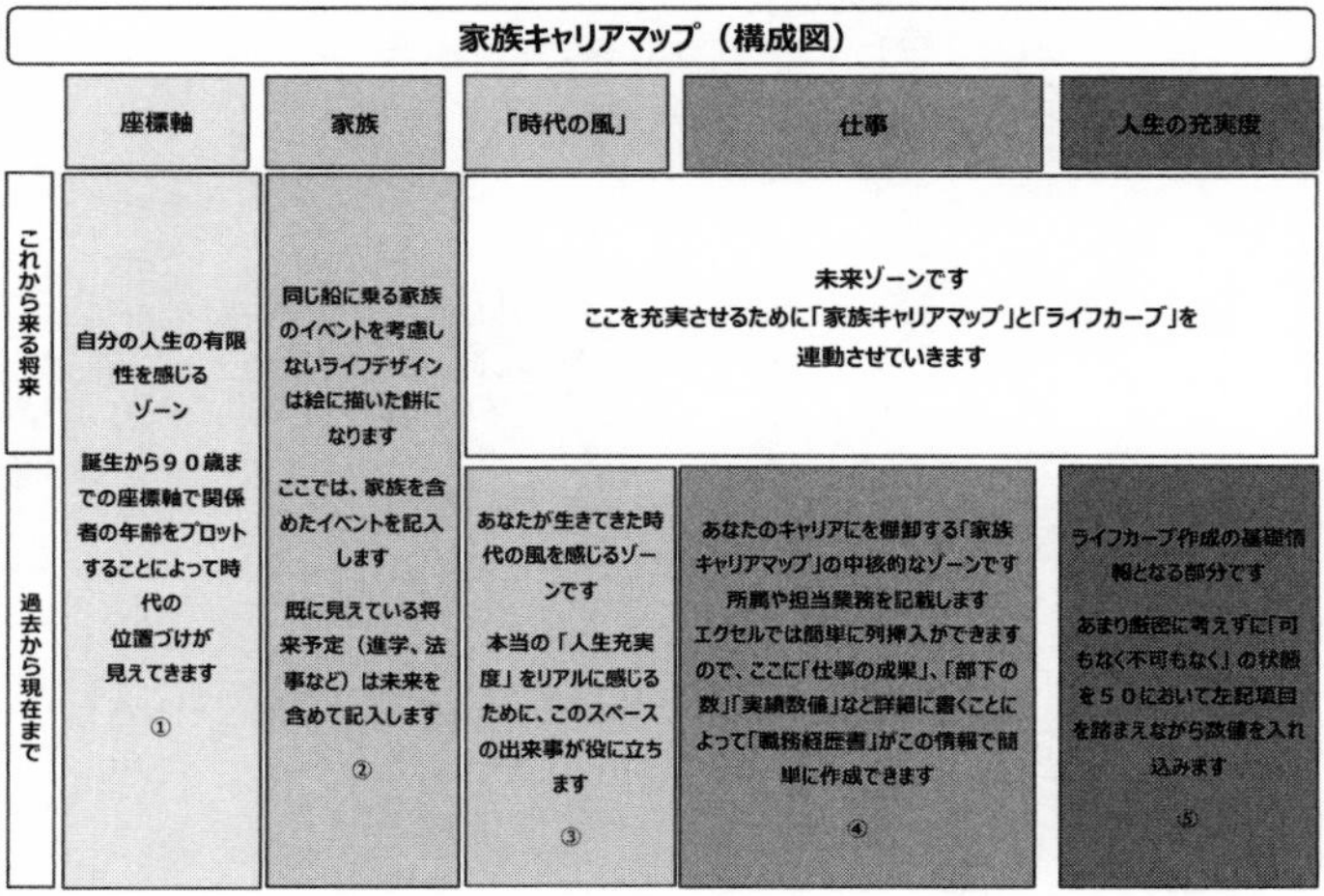
家族キャリアマップ（構成図）
座標軸
家族
「時代の風」
仕事
人生の充実度
これから来る将来
過去から現在まで
自分の人生の有限性を感じるゾーン
誕生から９０歳までの座標軸で関係者の年齢をプロットすることによって時代の位置づけが見えてきます
①
同じ船に乗る家族のイベントを考慮しないライフデザインは絵に描いた餅になります
ここでは、家族を含めたイベントを記入します
既に見えている将来予定（進学、法事など）は未来を含めて記入します
②
未来ゾーンです
ここを充実させるために「家族キャリアマップ」と「ライフカーブ」を連動させていきます
あなたが生きてきた時代の風を感じるゾーンです
本当の「人生充実度」をリアルに感じるために、このスペースの出来事が役に立ちます
③
あなたのキャリアにを俯瞰する「家族キャリアマップ」の中核的なゾーンです
所属や担当業務を記載します
エクセルでは簡単に列挿入ができますので、ここに「仕事の成果」、「部下の数」「実績数値」など詳細に書くことによって「職務経歴書」がこの情報で簡単に作成できます
④
ライフカーブ作成の基礎情報となる部分です
あまり厳密に考えずに「可もなく不可もなく」の状態を５０において左記項目を踏まえながら数値を入れ込みます
⑤

したところ、配偶者の猛反対で出向取り消しになったことがあります。すでに出向元会社では後任が決まっており、出向先ではポストを空けて出向を受け入れる準備ができていました。日頃からキャリアプランについて家族と共有できていなかったために発生した〝悲劇〟です。

こうした〝悲劇〟を避けるためにも家族キャリアマップの作成をおすすめします。日頃から家族キャリアマップを作成し、その中に家族のイベントも入れ込むことによって独りよがりでない現実的なキャリアプランができます。自分のキャリアイベント（定年など）だけでなく、子どもの大学入卒業時期、銀婚式の時期など家族に関する過去のイベント、将来のイベントが一目瞭然となります。

また、作成の過程で家族とともに過去の振り返り、将来プランの共有化ができる効果もあります。あらためて「同じ船に乗る仲間」という意識が湧きあがり、責任を持ったキャリアプランを推進しようというモチベーションにもつながります。

「家族キャリアマップ」に入れ込む対象は、必ずしも家族に限定する必要はありません。尊敬するメンター、ロールモデルでも結構です。尊敬するメンター、ロールモデルなどのキャリアを同じ時間軸に入れると、「あの方は自分と同じ年齢の時にすでに〇〇にチャレンジしていたんだ！」など、今行動すべき事項がよりリアルに感じられるようになり、行動の大きなモチベーションになります。

「家族キャリアマップ」の具体的な作成方法につきましては、ぜひ拙著『知らないと後悔する定年後の働き方』（フォレスト出版）を参照ください。「家族キャリアマップ」の作成要領を詳しく解説しております。

「3つのマルチ化」を考える

❶「経験・知識・スキル」のマルチ化

「3つのマルチ化」とは、2021年10月に多摩大学大学院の徳岡晃一郎名誉教授とともに出版した拙著『ミドルシニアのための日本版ライフシフト戦略』（WAVE出版）の中でも紹介させていただいたミドルシニアからのセカンドキャリア戦略です。

「3つのマルチ化」とは、①「経験・知識・スキル」のマルチ化、②「人脈」のマルチ化、③「収入源」のマルチ化の3つです。

40代のサラリーマンの財産は、今まで培ってきた経験であり知識でありスキルです。教育改革実践家の藤原和博氏が提唱する複数の領域で専門性を身につけ、掛け算で独自のキャリアを構築する戦略こそ40代以降のサラリーマンが目指すべきキャリア戦略の1つです。

40代の皆様であれば20年間の実務経験をお持ちですので間違いなく専門領域をお持ちです。それ以外の領域の専門性を掛け合わせて自分の独自のキャリアを構築していきます。語学力やITスキルは2つ目の専門領域としてわかりやすい例です。

筆者の友人の行政書士の方で「書類作成」×「ペット好き」という掛け合わせにより、ペット専門の手続きに特化して独自領域をつくっている方もいます。筆者の場合、企業から依頼を受けキャリアセミナーに登壇するケースがありますが、依頼される企業としては製造業が多いです。筆者のサラリーマン時代のキャリアとしては、都心の本社勤務など華やかな舞台ではなく、どちらかというと地方の工場勤務が長いのですが、これも「キャリア」×「工場現場（現場がわかる）」という組み合わせによる独自性に着目していただいての依頼だと思っています。

「人事」×「統計処理」→「HRアナリスト」、「大学同窓会事務局勤務（人脈）」×「キャリアコンサルタント」→「〇〇大学専門ヘッドハンター」など、複数の領域のスキル・経験を組み合わせてご自身のレアキャリアを作ってみてください。

40代であれば、ご自身の専門領域に掛け合わせる専門性を一から獲得する時間もまだまだあります。世の中のトレンドも読みながら**自分のコアスキルにどんな第二の専門性をかけ合わせれば独自性は高まるか**、という視点から戦略的に学びを進めることもぜひ考えていただければと思います。

❷人脈のマルチ化

人脈は個人にとって最大の無形資産です。人脈のマルチ化も40代からのセカンドキャリア踏み出しには極めて重要な要素です。

まず人脈のマルチ化に関して、「会社を辞める」という局面で注意すべきことを解説したいと思います。会社を辞める局面では、「この会社がイヤだ」「この会社とは縁を切りたい」「一時も早くこの会社から離れたい」という思いで会社を辞める方も多いです。

気持ちはよくわかりますが、セカンドキャリアという観点では、こうした思いをぐっと飲みこんで退職を

自分独自の専門性の構築

➢生産管理 × ISOの知識 ＝ ISO取得支援コンサルタント
➢営業経験 × コーチングスキル ＝ 販社営業職の研修講師
➢人事経験 × 業務フロー作成スキル
　＝ BPO（ビジネスプロセスアウトソーシング）コンサルタント
　等々

決めてから実際に退職するまでは、誠実に引継ぎを行い、きれいな去り際を作っておいたほうが効果的です。

辞め方の基本は、「立つ鳥跡を濁さず」です。

筆者の経験上、必ずと言っていいほど将来今まで勤務していた会社の人とは何らかの形で再びつながることになります。世の中広いようでそんなに広くありません。ましてやキャリアチェンジは、やはり同じ職種や業界に転職するケースが多いですので、今後どこかで一緒に仕事をするケースがあると思っておいたほうがいいです。

「立つ鳥跡を濁さず」というと少々抽象的ですが、**近い将来ばったり街で会ったときやクライアントとして商売を一緒にする際にも、苦手意識や引け目を感じることなく、堂々とこちらから声をかけられるような関係で辞める**のが筆者の「立つ鳥跡を濁さず」イメージです。

もちろんパワハラ、セクハラが横行する超ブラック企業であれば、これからも一生お付き合いはご免ですのでさっさと逃げればいいですが、退職を決めたことで我慢ができるのであれば、良好な関係を保った状態で会社は辞めたいものです。

せっかく今まで培ってきた人脈が一挙にゼロになるような辞め方はもったいないです。

また、転職しようとする会社の人事が前の会社の人事に働きぶりや退職の経緯を確認する場合もあります。去り際が悪いとあなたに関してネガティブな回答をしかねませんので要注意です。

会社を辞めると決めたら我慢の期間も残りあとわずかです。第2章でも触れましたが、「会社を辞める」と決めたら冷静な第三者目線を持つことが必要です。今の会社は将来のクライアントと思ってみると残りの期間の仕事に対するスタンスも変わります。

社内業務で忙しいこの時期こそ社外人脈の拡大を意識的に行う

40代は、会社での役割も責任も重くなり、どうしても会社中心の生活になります。そのため会社以外の世界との接触が最も縁遠くなる時代が40代です。例えば、大学同窓会への出席率が一番低いのも40代です。

50代以降になると役職定年や定年退職で会社での自分の役割・責任も低下し同窓会に出席する余裕も出てきます。30代は同期の結婚式などもあり、それなりに外部とのつながりは維持されています。これが40代となると公私ともに余裕がなくなり、仕事以外での外部との接触の機会も少なくなるのです。

この時期に外部とのネットワークを維持し、拡張できるかでセカンドキャリアが決まると言っても言い過ぎではありません。実務を実質的に担う世代として会社を代表して外部の委員会や勉強会、研修会などの機会も増えてきます。こうしたチャンスを逃してはいけません。

この時期に培った社外ネットワークは貴重です。お互いに現役でサラリーマンとして働いているうちは、あまり同業他社や異業種同職種のネットワークの効用は感じられないのですが、55歳役職定年あたりから60歳定年以降のシニアになってからこの人脈が効いてきます。その構図は以下のような感じです。

お互いにファーストキャリアとして働いている会社は、比較的規模も大きく社内の人材も豊富です。細分化された社内のリソースを活用することで仕事は回っていきます。ところが50歳後半や60歳定年後には、多くのサラリーマンは転職や出向により、違う会社で働くようになります（第2章「大企業に入社すれば一生安泰はもはや幻想」の項参照）。

多くのケースで転職・出向した会社の規模は小さくなり、部下も少なく、またその専門性も概して高くはありません。その一方で、新たな勤務先では経営者から容赦なく新たな施策（例えばジョブ型人事制度など）を導入するように命令が発せられますが、新たな会社には自分の手足となる部下はいません。

こうした状況で頼りになるのが、現役時代に勉強会や委員会で付き合いのあった社外のネットワークです。長い付き合いで人柄も実務の実力もわかっています。相手が個人事業主として働いているケースも多くなりますので、スポットで困りごとを依頼しやすい状況になっています。

もちろん、その間も人的ネットワークを継続する努力も必要ですし依頼されるだけの高い専門性も獲得しておく必要もありますが、一般的にサラリーマンが外部との関係が薄くなる40代ごろから意識的に外部とのネットワークを構築していくことはセカンドキャリア踏み出しに際しては極めて重要です。

「多忙な40代の時期ではあるが、週1人は会社以外の新たな人と会う」

このことを40代で意識しておくだけで40代のネットワーク陳腐を防ぐことができ、シニア以降にセカンドキャリアにつながる役立つ人脈が構築できます。

組織（会社）の看板を徹底的に使い倒す

「社外委員会や勉強会には40代こそ参加すべき」ということを説明させていただきまし

たが、それはお互い会社員時代のほうがニュートラルな関係を築きやすいからです。「会社員時代の人脈なんて会社の看板を目当てにした関係だから将来役に立たない」と言われる方がいますが、そうではありません。独立後の人脈拡大のほうが難易度が高くなります。

独立した人は皆さん経験があると思いますが、独立当初には異業種交流会への参加のお誘いがあります。参加者の多くは会社員ではなく個人事業主や会社の経営者です。商売のネタになるような関係を作ろうという雰囲気が会場中に満ち溢れています。こうした状況で真のネットワークを作ることは難しいです。

上記は、独立した人同士の交流会ですが、個人事業主と会社員のケースでも同様な違和感が生じます。例えば、あなたが外部の勉強会等で名刺交換をした際に相手が筆者のような個人事業主だったら正直どのように感じますか？　「聞いたことのない屋号だな」「胡散臭い」「何か売り込まれるのでは？」と何となく警戒心がわくのではないでしょうか。

これが会社員同士の場合、お互い会社の看板が見えていますので、ある意味で〝身分保障〟がなされています。会社の看板をバックとした会社員同士のほうが安心して付き合いができるのです。40代は公私にわたり忙しい時期であり、社外ネットワークなどとても無理と考える人が多いですが、**「人脈は40代に築くもの」**をモットーに会社在職中につくるのが実はベストです。

なお、こうした勉強会、委員会に参加する際のポイントは、「give&take」ではなく、「give&give」です。短期での何らかのメリットを追う人は嫌われます。40代からの人脈は、**打算無しのニュートラルな関係をどれだけ作れる**かにつきます。40代のネットワークがシニアになってから思いがけないところで後に効いてくること、筆者の実体験から保証いたします。

40代の「想定外」を考え、「想定内」にするための行動をまず取る

第3章で日頃から「想定外シュミレーション」を行っておくことの必要性について解説させていただきました。40代はまさにこの想定外の出来事がリアルな形で自分に降りかかってくる時期でもあります。

筆者の場合でも40代は思ってもいなかった想定外の出来事は自分の身に降りかかってきた10年でした。44歳で入社した会社を辞めて転籍することになることは想定外でしたし（転籍は、10年後の55歳くらいかと勝手に想定していました）、転籍した会社が49歳の時に外資系に売却されることも全くの想定外でした。また、実家がある宮城県が東日本大震災

で被災することもまったくの想定外の出来事でした。

40代では、少なくとも以下のような出来事は起こりうるキャリアイベントとして想定しておく必要があります。

【想定外シナリオ①：管理職に昇格できなかった】

高度成長時代は、同期入社の7～8割は管理職になれるといった時代もありましたが、今は管理職になるほうが少数派で6割は管理職になれないとも言われています。また、昔のように定期昇給があった時代には、管理職と平社員の給与もそれほど差がつきませんでしたが、今は違います。管理職にならないと給与は上がらないような賃金体系になっています。「管理職になりたくない」というサラリーマンが増えていますが、管理職にならない限り、給与アップは望めない現実になっていることは知っておく必要があります。そのためにも本業での給与アップが見込めない状況で、社外での副業・兼業など収入源のマルチ化を早めから準備しておく必要があります。

【想定外シナリオ②：早期退職制の対象になった】

パナソニック、ホンダ、富士通など日本の名だたる大企業がぞくぞくと早期退職を実施しています。実施の目的はもちろん会社により様々ですが、業績悪化による従来型の早期退職の実施ではなく、業績が黒字であっても、早期退職を募ることで社内の年齢構成を見直し、組織人員の入れ替えを促進することを目的とするものも多いことが最近の早期退職の特徴です。

早期退職の対象は、多くの企業で「45歳以上を対象」に制度設計しています。きつい言い方になりますが、会社の意図は、**「45歳以上の社員については、お金（退職加算金）を払うからお引き取り願いたい」**ということです。筆者も本の読者からの依頼でキャリア面談を行うことがありますが、この早期退職に応募すべきかどうかで悩むサラリーマンの相談も多いです。業績が決して悪くない会社に勤める40代の方も、「自分が早期退職の対象になることは想定内」としておかなければいけません。

自分の会社で募集がかかったときには、これから先の家計の収支「どう行動するかは事前にシミュレート」しておかなければいけません。

【想定外シナリオ③：M&Aによる経営の変更】

多くの企業の様々な領域で生き残りをかけた「選択と集中」が行われています。筆者も49歳のときに想定外のM＆Aを経験しましたが、会社全体だけでなく、事業部単位での合併や売却もこれからは当たり前と考えておく必要があります。

従来は買収側が勝ち組のイメージのM＆Aが中心でしたが、これからは買収側の従業員もうかうかしていられません。例えば、昭和電工は日立化成を買収しましたが、買収した側の昭和電工も既存のアルミニウム事業を売却し、プリント配線板事業も投資ファンドに売却したりしています。

M＆A後には、特に上層の管理職や年齢が高い層は〝現状肯定派〟とみなされ、閑職への異動や退職勧奨が行われることもありますので、自分の役割が変わる、居場所がなくなる事態も想定しておく必要があります。

【想定外シナリオ④：パフォーマンス志向の強い年下管理職からのプレッシャー】

新卒入社から純粋培養的に時間をかけてプロパー管理職を育てるだけでは外部環境の変化についていけなくなっています。こうした変化を受け、多くの企業で管理職の大幅な若返りや積極的に外部から従来社内にはなかったスキル・経験を持つ人材をスカウトする動きが活発化しています。

パフォーマンス志向が強い年下管理職が上司になることもこれからは当たり前になります。相性の悪い年下上司の情け容赦ない成果追及のマネジメントに耐え切れずメンタル不全を起こすミドルシニアもいます。長年の会社経験を積んできたミドルシニアといえどもすぐにつぶされます。

こうした事態も想定内にしておく必要があります。ミドルシニアからのメンタル不全は避けなければなりません。いつでもこうした状況を回避できるように逃げ道を作っておく必要があります。

30代以上に効率的なスキル・知識の取得を心がける

スキルには、その会社内で仕事を進めていくために必要な「組織内対応スキル」とどこでも使える汎用性の高い文字通りの「スキル」があります。組織内対応スキルとは、その会社内で生きていくためには極めて重要なスキルですが、一歩社外に出たら役に立たないスキルです。

「組織図上の正式なレポートラインではないけれども、この部署の人事評価に関しては○○部長に事前にお伺いを立てておかないと後でもめるので、同じ資料を渡して説明しておく」といった類の社内独自の個別対応ルールが「組織内対応スキル」の一例です。この手の対応は、社内でトラブル回避のために生み出されたもので、インフォーマルだけれども仕事を進める上では重要な情報として先輩から伝承されます。

40代になったらこうした社内だけにしか通用しないスキルに時間をかけている暇はありません。堀江貴文氏が寿司職人の修業期間が長すぎることを「時間の浪費」と指摘して話題になりましたが、社内だけに通用するスキルは、さっさと時間をかけずに習得すべきです。無駄な時間をかけないように注意すべきものとしては、社内ルールのみならず社内人脈、社内営業、社内飲み会なども同様です。40代からは本来のスキル獲得に時間を集中しましょう。

高度成長時代にキャリアモデル「学習―仕事―余生」という画一的な3ステージ時代には、出世のエンジンをふかしておけば、キャリアのゴールである60歳定年まで到達できました。その際に最も重要なスキルだったのが組織内対応スキルでしたが、今はマルチステージの時代です。いつまでも組織内対応スキルの獲得に時間をかけることは、今後はリスクです。

今の勤務先を冷静に分析（ケーススタディとして）する

30代での仕事への取組みスタンスとして「ロクゲン主義」（現場・現実・現場＋原理・原則・原点）を紹介させていただきました。40代では役割も責任も大きくなり、仕事の範囲も自分の課だけでなく、他の事業部や他社など様々な関係者を巻き込んだプロジェクト的な仕事も増えてきます。その中には成功事例のみならず失敗事例もあるかと思います。

40代からは、「ロクゲン主義」で仕事に取り組むとともに、ご自身の関わった経験（登場人物、前提条件、起こった環境変化、成功・失敗の要因など）を事例としてまとめておかれることをおすすめします。

ビジネススクールで使用するケーススタディ（case study）をご存じでしょうか。ケースと呼ばれる現実に起こった具体的事例を分析、検討し、その積み重ねによって帰納的に一般的な原理、法則を引き出す事例研究法のことです。ビジネススクールでは、ケーススタディを通じて企業の管理職や経営者が直面した具体的な事例を疑似体験することによって座学だけでの習得が難しい能力を高めています。

40代では、鳥の目（2段階上の立場の経営者やビジネススクール教授のような目線）で今の会社を分析し、あたかもビジネススクールに参加されているような気持ちで実際に経験された事実をまとめておくことをおすすめします。「携わったプロジェクトがうまくいかなかった原因はどこにあるのか」「今の会社はどのようにして利益を出しているのだろうか？　そのビジネスモデルはどのようなモデルか」など、ビジネススクールで使用するケースを作るような気持ちでまとめていきます。

自分の経験（修羅場経験、失敗事例など）をビジネススクールのケース（事例）のようにまとめておくことにより、ご自身の経験を暗黙知からより汎用性の高い形式知に変換することができます。

第6章

各年代別「会社を辞めたい」マインドの活かし方（50代）

50代の「会社を辞めたい」

人生100年時代の折り返し　セカンドキャリアが現実問題となる世代

「人生100年・現役80歳」時代の到来と言われるようになって久しいですが、40歳が就労年齢80歳の折り返しであるならば、50歳は人生100年の折り返し地点と言うことができます。定年というキャリアの1つのゴールが現実的に目の前に見え始める時期でもあります。このちょうど人生の折り返しにあたる50代で真剣にセカンドキャリアを考え始める人は多いです。

筆者は、2020年から2022年まで3年連続で東京都主催の「東京セカンドキャリア塾」という講座にて講師をつとめています。55歳～64歳を対象としたプレシニアコース（65歳以上を対象としたアクティブシニアコースもあります）を担当していますが、この講座には多くの在職中の50代シニアサラリーマンが参加します。

２０２２年12月10日には、ＮＨＫ総合のニュース番組「サタデーウォッチ９」にてこのコースの講座風景が放送され大きな反響を呼びましたが、この期での応募倍率は何と4倍、受講にあたっては面接も行われ、参加者が決定されています。

会社が終わった平日の夜（19時から21時）や休日の土曜日昼間に講座は開催されますので、生半可な気持ちでは2カ月間のコースを修了することはできません。40代までは、会社の中核として馬車馬のように仕事一途に働いてきた方が多いですが、50代になり「このままではいけない」とキャリアに関する健全な危機意識を持ち意欲的に参加されています。

筆者の場合も30年間一度も転職経験がないまま、52歳で個人事業主というコースに自らのキャリアをシフトさせました。振り返ってみてもやはりキャリアの大きな節目は50代であったことを改めて感じます。筆者の場合は、「所属していた会社のＭ＆Ａ」という外圧によるセカンドキャリア踏み出しでしたが、50代からは、「会社を辞めたい」という内発的な理由だけでなく、「辞めたくはないが辞めざるを得ない」という外圧によって「会社を辞める」ケースが増えてくるのも50代のキャリアチェンジの特徴です。

30代・40代に比較すると転職という選択肢が厳しくなることはよく理解しておく必要がある

30代、40代に比較すると転職という選択肢が厳しくなってくることは理解しておく必要があります。希望する正社員としての求人案件自体が少なくなり、甘い考えで安易に転職活動にのぞむと書類通過すらままならない現実に直面します。

次の事例は、**新卒から一度も転職経験もなく事前に何の準備もしてこなかった大企業勤務のサラリーマンが遭遇する可能性のある事例**です。

【遭遇可能性のある事例】

役職定年を迎え仕事上の権限も責任もなくなった、例えば55歳のサラリーマンの目の前に早期退職の募集が提案されるとその提案は大変魅力的に見えます。「残りの会社人生には特にやりがいも感じられず、このまま無気力のまま定年まで、あるいは再雇用期限の65歳まで勤務することに疑問を覚える。年金開始まであと10年、早期退職による退職金の加算もあるので、今と同じ程度の給与が確保できれば悠々自適の生活も可能だな」と事前準備無しに早期退職制度に応募するサラリーマンは決して少なくありません。

30年以上サラリーマン生活を続けてきたシニアサラリーマンは、長年の会社生活に対する自分へのご褒美として退職直後は少しのんびりしたいという思いを持っています。当面は失業保険も出るので、この期間を「充電期間」として、今まで行きたくても行けなかった旅行や温泉宿に泊まりリフレッシュに励むシニアは多いです。1カ月～2カ月間の「充電期間」を経て、そろそろ本格的に仕事探しということで月1回のハローワークで職探しを本格化します。ターゲットは、今まで同種の仕事で退職時と同等水準給与の正社員求人です。

本格的に探し始めるとまずその水準を提示してくれる求人案件はなかなか見つからないことに気がつきます。月給20万円程度の自分のプライドを傷つけるような箸にも棒にもかからない求人ばかりが目につきます。また、たまに給与条件をクリアした案件を見つけ、〝名の通った大企業での自分の経験は必ず高く買ってくれるはず〟と意気揚々として応募しますが、年齢不問の案件にもかかわらず何度応募しても書類通過もしません。

これではダメだと焦り始め、こだわっていた給与水準を下げて正社員募集にチャレンジしますがこれでも書類通過すらしません。まれに面接までたどり着いても採用には至りません。加算分の退職金を取り崩す生活が続き、自分という存在を否定したくなるような焦燥感が出てきます。

配偶者からのプレッシャーもあり、結局退職当初は思ってもみなかった非正規の時給の仕事に落ち着きます。今までの経験やスキルを活かす仕事ではなく、時間と肉体を提供する仕事です。時給ですので今までは楽しみにしていたゴールデンウィークのある5月やお盆休みのある8月など稼働日が少ない月は収入が激減します。早期退職に応募した自分の選択は果たして良かったのか、今さらながら自責の念にかられています。

人手不足が叫ばれる昨今、そこまで厳しくはないだろうとお思いの方もいらっしゃると思いますが、**このシナリオは決して絵空事ではありません。**

上記シナリオを教材に50代シニアからの転職に際しての留意点を解説させていただきま

す。

❶「成果＝会社のストック×自己の能力」の方程式

例えば穴掘りの仕事を考えます。方法1は、スコップを使って人力で掘り進めていく方法です。方法2は、重機パワーショベルで掘っていく方法です。容易に想像がつくようにおそらく数十倍、数百倍の差がでるものと思われます。

サラリーマンの給与も同じ構図です。例えば、大企業の課長クラスが1000万円以上の年俸をもらえているのは、会社が購入した情報、設備、部下などの会社のストックを使用して1000万円以上レベルの年俸をもらえる成果を上げているからです。したがって、会社が変わり会社のストックが異なれば自分の出せる成果は変わってきます。

この構図を理解せずに、今まで1000万円もらっているから現状維持、悪くても8掛けくらいまでは我慢するといった甘い意識のシニアサラリーマンの方が多いです。個人の能力に変りがなくても、会社（土俵）が変われば出せる成果は当然変わることを理解しておく必要があります。

❷シニアの給与に含まれるプレミアム分の存在

米国の経営学者ジェームス・アベグレン氏が指摘した日本的経営の三種の神器「終身雇

用」「年功序列」「企業内組合」は、すでにその役割を終えつつあると言われていますが、まだまだ今もその残滓《ざんし》は随所に残っています。年功的賃金もその1つです。

下図は、エドワード・ラジアの賃金モデルです。個人は雇用期間における勤続年数が短い時には、自分の企業に対する貢献度（限界生産性）より低い賃金（下図のA部分）を受け取りますが、ある年齢（AとBの線の交わった部分、図では40歳）が過ぎて勤続年数が長くなると自分の貢献度よりも高い賃金を受け取ります（下図のB部分）そして、貢献度より少ない賃金を受け取った勤続期間の賃金

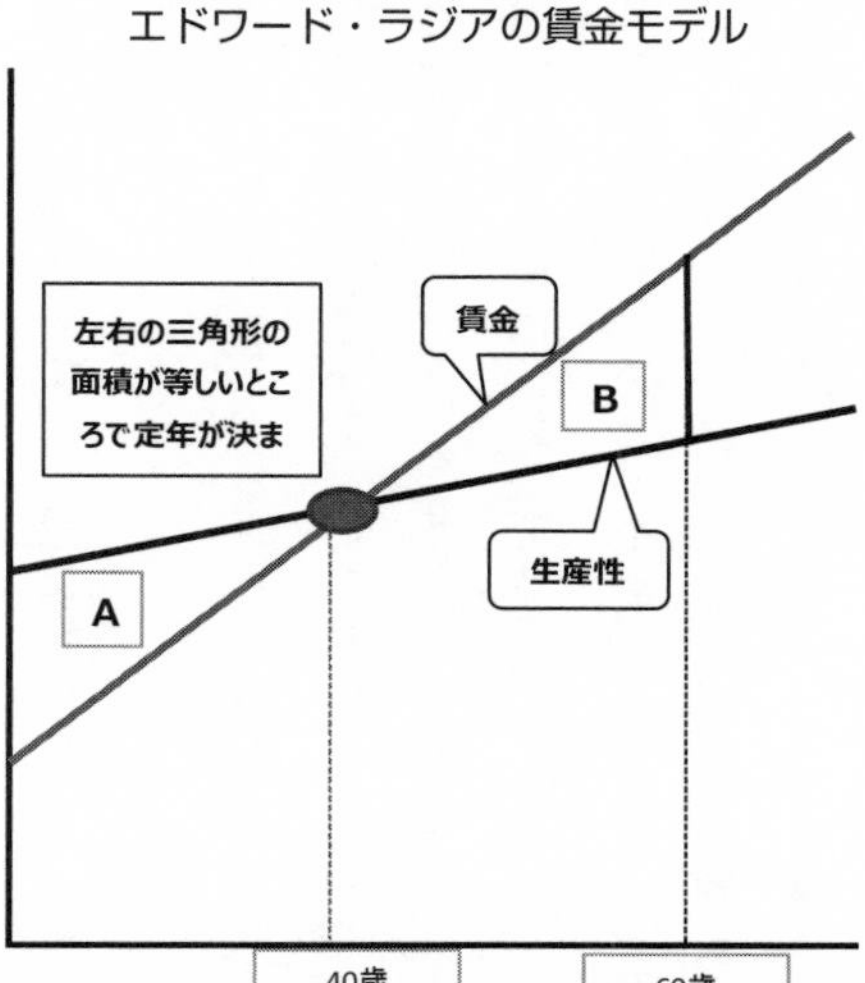

総額と貢献度より高い賃金を受け取った勤続期間の賃金総額がちょうど同じ金額になったとき、定年を迎えることになるというモデルです。

すなわち、50代のシニア世代の給与には、プレミアム分が含まれており、実力値以上の水準になっている可能性があります。転職するとそのプレミアム分を受け取ることができずに勤続を重ねた企業での給与水準に比較すると下がってしまう理由がここにあります。

❸長期化する再就職までの期間

年齢が上がれば上がるほど再就職が決定する時間は長くなります。前述の通り求人案件が少なくなり、自分の希望する条件を充足した案件に遭遇するチャンスは少なくなること、また、人によっては、「充電期間」を取り、求職活動への始動までに時間がかかる人もいます。

離職後1年以内の就職が確認できた者の割合を「再就職援助計画対象者の就職状況（平成25年）」で確認してみます。年齢が高くなるにつれ、再就職までにかかる期間は長くなっています。ちなみに50～54歳のレンジで1年以内の再就職が確認できた人の割合は52.2%、これが55～59歳になると39.1%と悪化してきます。50代からのキャリアチェンジには、時間はかかるものと考えておいたほうが精神的に安心です。

50代の対応が後半キャリアを決める

第5章でユングのライフのライフサイクル論（人生の正午理論）を紹介させていただきました。ユングは今から60年以上前の1961年に亡くなっていますので、ユング時代には40歳と考えられていた人生の正午は、平均寿命が延びた現在では50歳になっていると言えるかもしれません。その意味では、50代は人生100年の折り返し地点でもありキャリアの折り返し地点でもあると言えるかと思います。

下図をご覧ください。高度成長時代の3ステージ（学生―仕事―余生）のキャリア

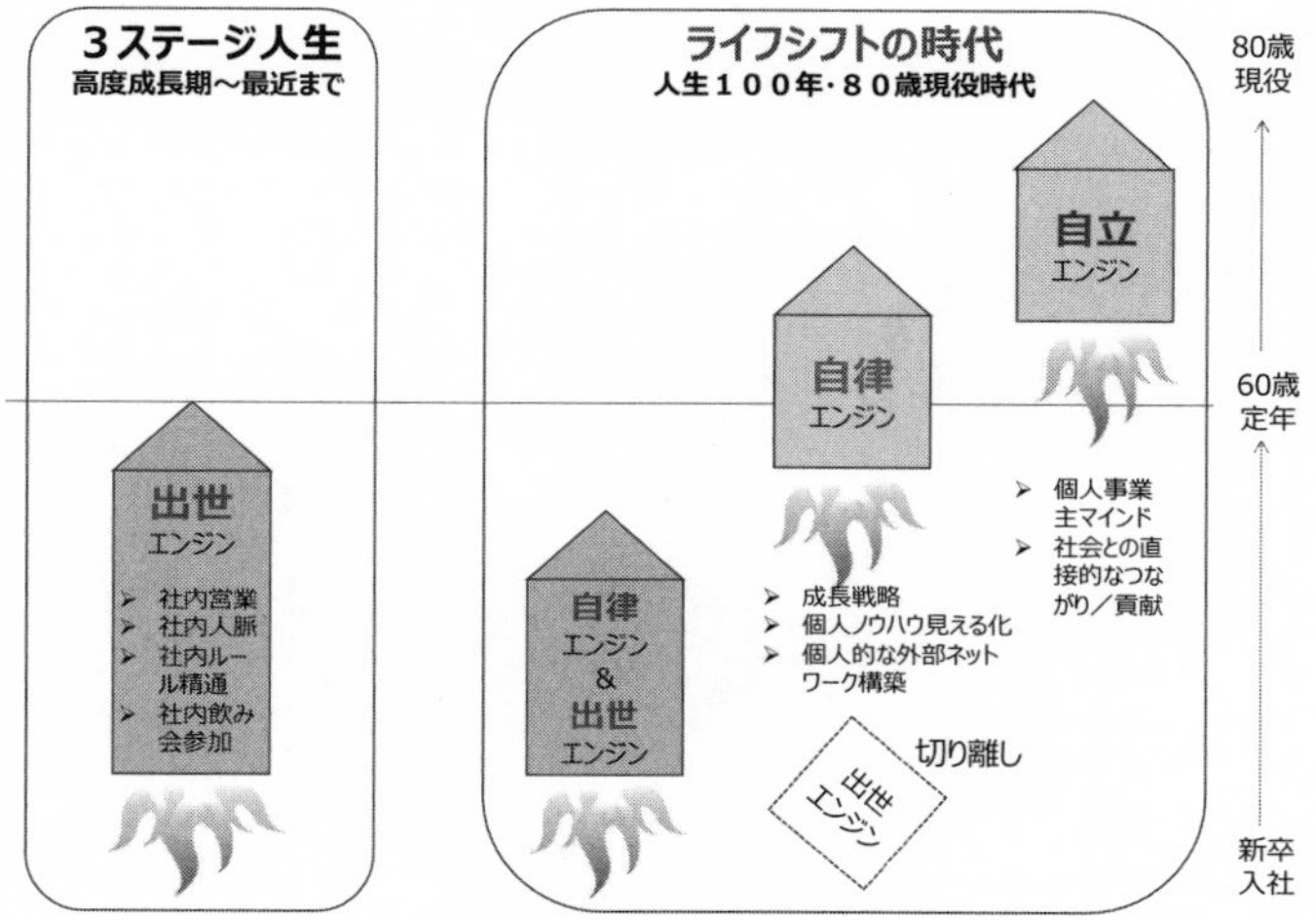

から人生100年時代のマルチステージキャリアへの変化をロケットにより図示したものです。

1番左は、3ステージ時代のキャリアのシナリオです。この時代は「出世」エンジンを吹かしていれば60歳定年というゴールまで到達することができました。

出世エンジンの推進力は、社内営業であり、社内人脈であり、社内ルールの精通であり、社内飲み会への参加です。前述の「組織内対応スキル」習得が出世に直結した時代です。

今は出世エンジンだけを吹かしていては、70歳、80歳現役というさらなる高みには到達できません。昇格しないと賃金も上がらない時代になっていますので、若いうちはもちろんメインエンジンとして「出世エンジン」を吹かしていく必要があります。しかしながら、「出世エンジン」だけでは不十分です。自分のキャリアは自分で決めるという「自律エンジン」もハイブリッドエンジンのように吹かしていかなければなりません。

50代になったら、「出世エンジン」を切り離し、今度はキャリアの第二エンジンとも言える「自律エンジン」を使ってまずは定年という節目を目指します。自律エンジンを推進する燃料は、個人としての成長戦略であり、個人としてのノウハウの見える化であり、社外ネットワークの構築です。

50代特有のキャリアの節目をスルーしない

新卒一括採用で入社した新入社員は、全員横並びで会社の出世コースに参加し、「収入」と「役職」を働くモチベーションとして頑張ってきました。この入社以来働くモチベーションとなっていた**「収入」と「役職」という目標が無くなるのが、50代特有のキャリアイベントである「役職定年」（管理職）と「定年」という2回のタイミング**です。

正社員の賃金カーブを見ても給与のピークは50代前半で、55歳を過ぎると

性別、年齢階級による賃金カーブ
[1976年、1995年、2020年]（一般労働者、所定内給与額）

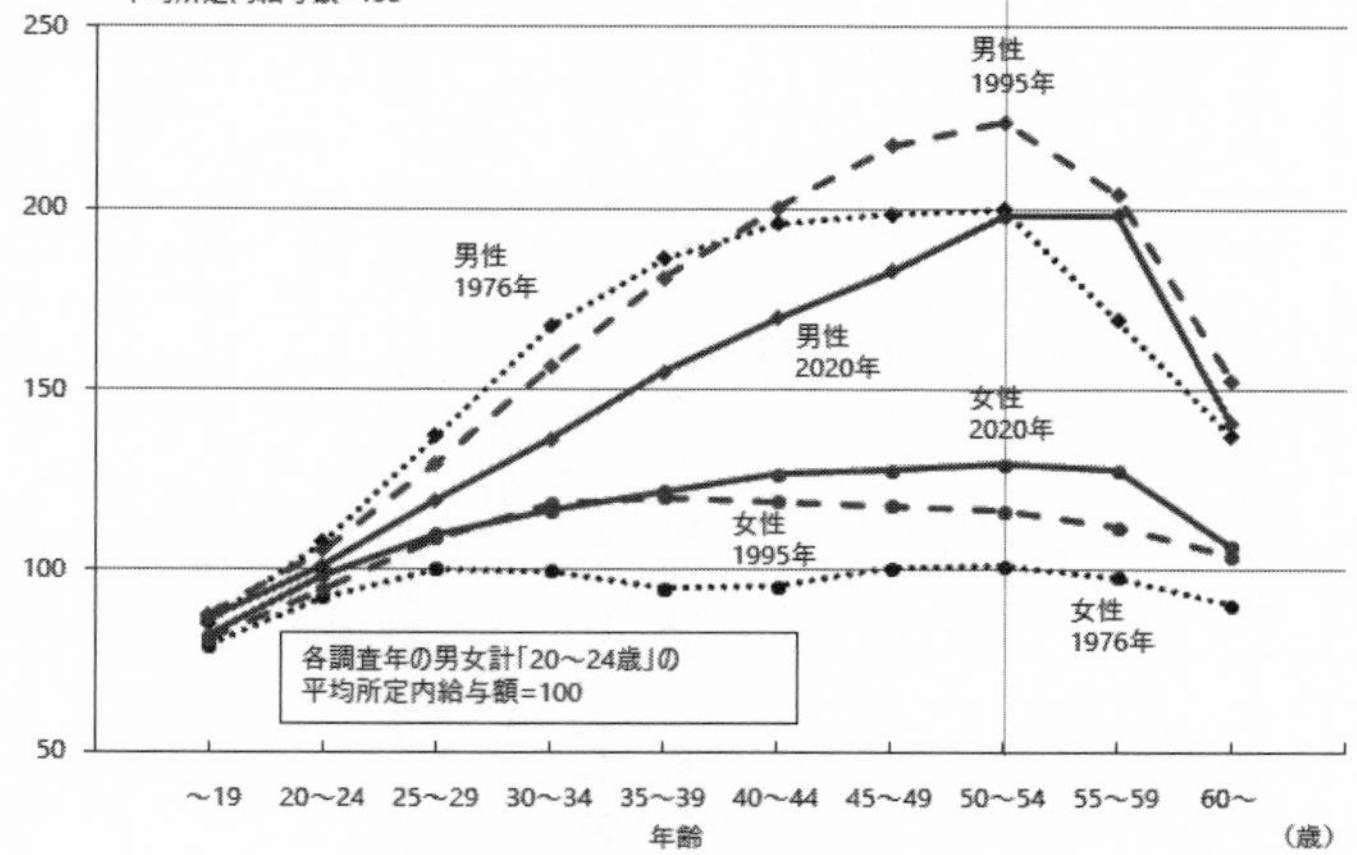

出典：厚生労働省「賃金構造基本統計調査」

下がり始めます。また、役職定年制により、55歳で課長職から、58歳で部長職から降りるケースが多くなってきます。人生100年・80歳現役時代、役職定年の55歳から25年、定年の60歳から20年間、これから先が長いのですが、この2回（「役職定年」「定年再雇用」）のタイミングをシニア社員は**会社人生におけるキャリアのゴール**と考えてしまい、モチベーションを下げてしまうのです。

2018年11月に発表された一般社団法人定年後研究所とニッセイ基礎研究所の試算によると、**55歳以降の世代が役職定年でやる気を失うために生じる経済的な損失は年に約1兆5000億円にのぼる**という報告がなされています。一企業だけの問題にとどまらず日本経済にとっても大きな課題です。

50代からは働いて得られる「報酬」に関する考え方を変える

シニア社員が仕事へのモチベーションを下げてしまう原因として「収入」と「役職」という目標がなくなることにあることを前項で説明させていただきました。残念ながら50代後半を過ぎても現職のまま、さらなる収入のアップとさらなる昇格を求めてもそれは現実的ではありません。2023年時点でおおよそ54歳から58歳あたりの年齢層にはバブル入社世代が、その少しの下の49歳から52歳あたりには団塊ジュニア世代がボリュームゾーンとして控えています。働く期間が長期化する中で、このボリュームゾーンの賃金と役職を増やすことは、企業にとってはダイレクトに総労務費の増加につながります。

50代になったら働くことに関する**「報酬」に関する考え方を変えていく必要**があります。「収入」や「役職」といった目に見える報酬を追い求めるのではなく、**「自身の成長」や「人脈の拡大」や「新たな仕事へのチャレンジ」といった目に見えない報酬にシフトする**必要があるのです。

最後まで出世競争に留まったシニアは勝ち組と言われますが、人生100年・現役80歳時代の今後は、必ずしも勝ち組とは言えないかもしれません。理由は、最後まで「収入」や「役職」という目標を追い求めていく必要があり、セカンドキャリアへの準備が遅れるからです。

50代からは、雇用以外の選択肢を現実的なスコープに入れる

雇用という選択肢が厳しくなっていく中で、それではそれ以外の選択肢はあるのでしょうか。筆者は「独立」という働き方こそ、これからのシニアの働き方として最適であると

考えています。50代から準備して60代から「独立」というキャリアコースです。

50代からの厳しい転職事情を解説させていただきましたが、ベンチャー企業・中小企業では、自社にいない経験豊富なシニア人材を求めています。次ページの下図は、中小企業・ベンチャー企業が抱えている事業課題をまとめた図です。

中小企業・ベンチャー企業の現状（AS-IS）と目指す姿（TO-BE）の間には、様々な領域でギャップがあります。事業運営、投資、効率化、お金、組織・風土など課題は多岐にわたります。あなたの今までの経験・スキルを活かして貢献できる領域もあるかと思います。

事業課題を眺めながら、あなたがこれから売り物にしていく領域を決め、足りない部分は今のうちに補うなど計画的な準備を始めてはいかがでしょうか。

「独立」と「起業」は別物と考える

「独立」というと何か新しく事業を起こす「起業」がまず頭に浮かびますが、サラリーマンからのセカンドキャリアで想定する「独立」は、**起業的側面よりも独立的側面に重点を置いた働き方**です。筆者は52歳でサラリーマンを辞め独立しましたが、起業はしていません。あくまでも今までやってきた人事業務を**雇用から業務委託に変えただけ**です。サラリーマン時代と基本的に同じ仕事を個人事業主として業務委託で行っています。

「独立」と聞くと、「サラリーマンの自分には関係ない」「そんなリスキーなことはできない」と自分事とは思えないサラリーマンが多いと思います。52歳で雇用から独立した筆者もそうでした。外資系やリクルートのような会社に勤務している特別な人が歩む道という印象を持っていましたが、実際に独立してみるとそれほど違和感はありませんでした。

歴史的に見ても「雇われて働く」ほうが特別な働き方なのかもしれません。172ページのグラフは、日本の就業構成の推移グラフ

中小企業、ベンチャー企業が抱えている主な事業課題

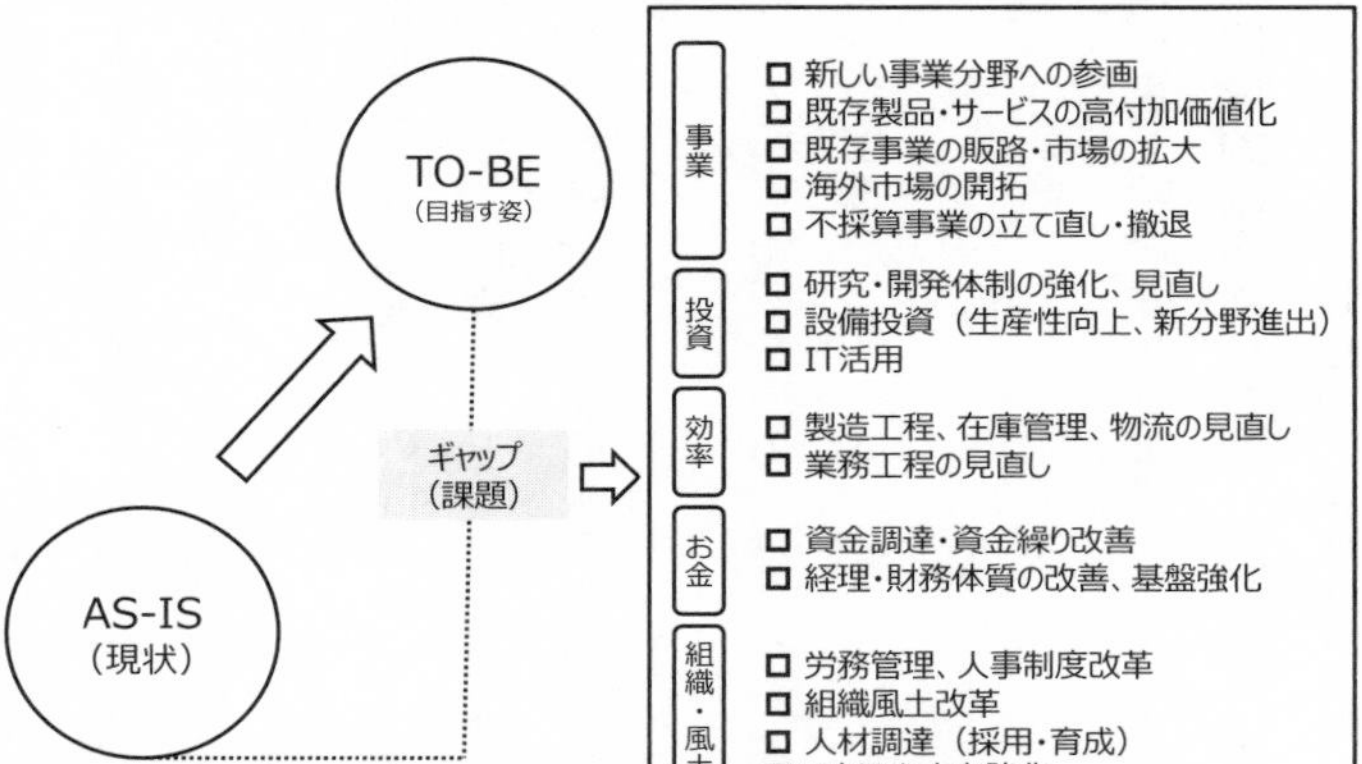

TO-BE
（目指す姿）
AS-IS
（現状）
ギャップ
（課題）
事業
□ 新しい事業分野への参画
□ 既存製品・サービスの高付加価値化
□ 既存事業の販路・市場の拡大
□ 海外市場の開拓
□ 不採算事業の立て直し・撤退
投資
□ 研究・開発体制の強化、見直し
□ 設備投資（生産性向上、新分野進出）
□ IT活用
効率
□ 製造工程、在庫管理、物流の見直し
□ 業務工程の見直し
お金
□ 資金調達・資金繰り改善
□ 経理・財務体質の改善、基盤強化
組織・風土
□ 労務管理、人事制度改革
□ 組織風土改革
□ 人材調達（採用・育成）
□ マネジメント力強化
あなたがサポートできる領域もあるのではないでしょうか？

です。筆者は1961年生まれですが、その時代の雇用者は50％を少し越したくらいです。自営業主と家族従事者の多くは農業従事者だと思いますが、戦後10年後くらいまでは雇用で働く人は決して多くはなかったのです。

筆者の例では、祖父までは宮城で農業を営んできましたので先祖代々〝自営〟として働き、ようやく父親の代になって宮城から東京へ就職のため上京し雇用者として働いてきました。筆者は「雇用者2世」です。

今の時代は、雇用以外で働くことが例外になっていますが、長い日本の歴史の中ではかえって雇われて働くほうが例外的な働き方とも言えるのかもしれません。

「独立」がこれからの働き方として有望な訳

これからの時代には、「独立＝個人事業主」としてキャリアを歩む働き方が一般化していく理由をいくつか示してみたいと思います。筆者が考える個人事業的な働き方が増えると判断する理由は次の3つです。

❶日本企業における兼業・副業の拡大

2018年1月に「副業・兼業の促進に関するガイドライン」が公表され、同時に「モデル就業規則」が改正されたことにより、国として副業・兼業を促進していくことが明確になりました。こうした動きを受け、企業も副業・兼業を認める動きが活発化しています。

現在、企業が認める兼業・副業の形態は「雇用＋雇用」ではなく、「雇用＋業務委託」がほとんどですが、兼業・副業が普及すればするほど、企業・働く側双方で業務委託型の経験値が増えてきます。

自社の従業員の業務委託型副業・兼業を認める企業は、業務委託型で業務を遂行することに関しても抵抗がなくなってきます。副業・兼業の拡大が1つ目の今後「独立」という働き方が増えてくると判断する

就業者構成の推移

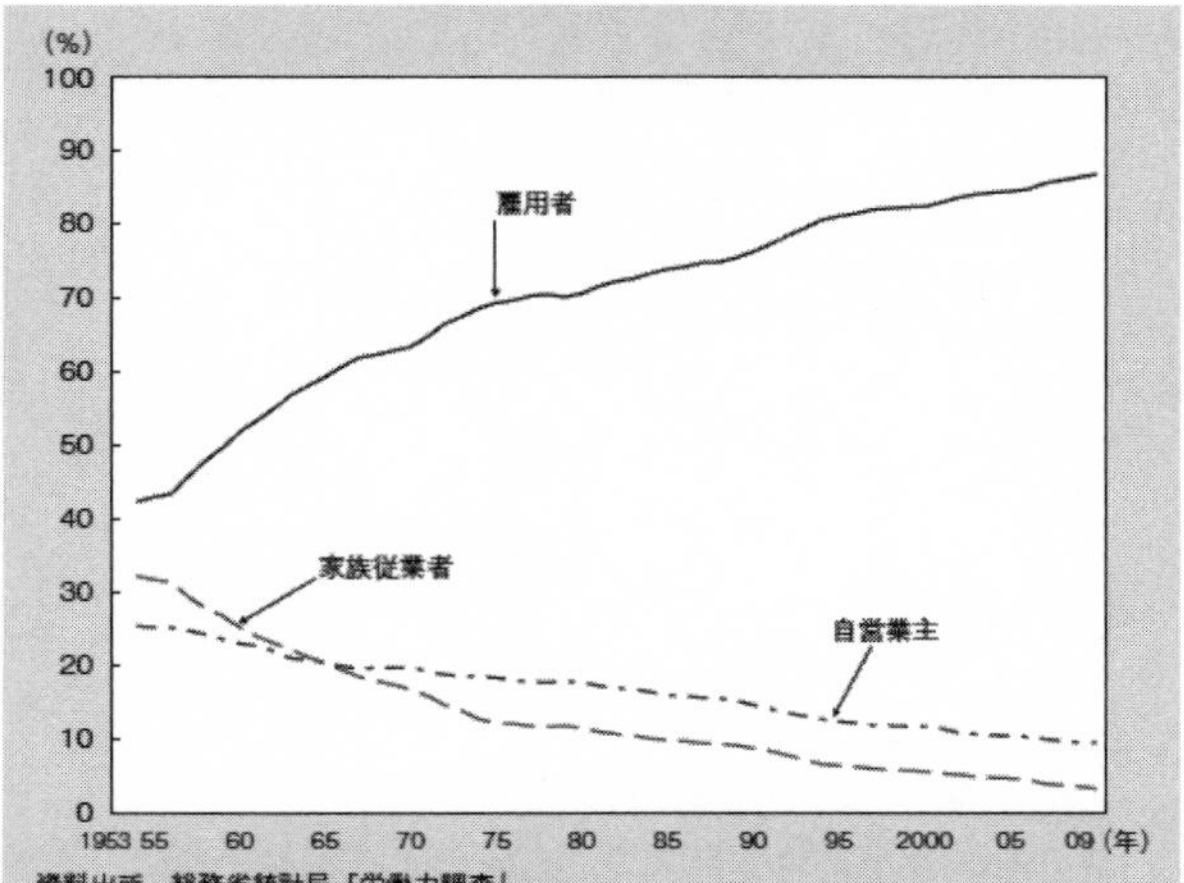

資料出所　総務省統計局「労働力調査」
（注）数値は、就業者に占める割合。

理由です。

❷65歳超の働き方として想定（改正高年齢者雇用安定法）

２０２１年４月施行の高年齢者雇用安定法では、従来の①定年延長、②定年廃止、③契約社員に加えて、④業務委託による形式も選択肢として想定しています。ある意味で国が業務委託で働くことに対してお墨付きを与えているようなものです。国が業務委託で働くことを65歳以降の働き方として想定している事実は大きいです。

❸雇用での一律的継続就労に対する企業側の回避意識

65歳以降の就労機会確保を求める高年齢者雇用安定法の対応については、各社人事もその対応には頭を悩ませています。65歳以降は、気力・体力にもバラツキがあり、また、前述の通り、ボリュームゾーンであるバブル・団塊ジュニア世代のシニア化が目の前に迫っており、全員一律的な雇用での65歳超対応にはネガティブです。こうした中で企業も雇用以外の選択肢として考えているのが業務委託による契約です。

❹アメリカをはじめ世界で広がるギグエコノミー化

将来の働き方に関しては、アメリカの働き方が先行指標になります。雇用ではなく個人事業主契約が先行するアメリカでは、２０２１年でフリーランス人口は５９００万人に達し全アメリカ労働者の36％を占めるようになっています。

日本も増加基調にあり、2021年人材仲介のランサーズの調査では、自由業者などの国内のフリーランス人口が約1670万人になったとの調査結果もあります。

フリーランスとは、①特定企業との雇用関係を持たない「自由業者（個人事業主含む）」、②1社のみと雇用関係にありながら他社の仕事も業務委託などで請け負う「副業者」、③複数企業と雇用関係を結ぶ「複業者」からなりますが、2021年1～2月、国内約3000人を対象に実施したオンライン調査を基に推計した結果によると、15年の調査開始以降、初めて労働力人口に占める比率が2割を超えたと報道されています。こうした動きは、国の後押しもあり、ますます増えていくことが予想されます。

企業でも始まっている積極的な個人事業主活用

健康機器大手のタニタでは、2017年から社員が個人事業主として働く制度を導入して大きな話題になりました。その後も2020年には電通で全従業員の3％に当たる約230人が社員から個人事業主に代わるなど社員から個人事業主として働くことが徐々に各社で導入されつつあります。

筆者の知る範囲でも、定年再雇用時にシニア側から会社に雇用ではなく業務委託契約を提案し受け入れられたケースは数多くあります。個人事業主側で提供するサービス内容を明確にして合理的な業務委託料を設定できれば企業側にあえてこの提案を拒む理由はありません。

個人事業主の廃業率を中小企業白書で見てみると

・1年で37.7%、3年で62.4%が廃業
・10年では88.4%が廃業

というように、個人事業主として開業した人の約4割が1年以内に廃業し、2年で約半数、10年後まで生き残れる人は1割ほどと厳しい数字になっています。

筆者は、独立当初から専門領域を有する個人事業主の会員組織であるインディペンデントコントラクター協会（IC協会）に所属しています。ここの会員の皆さんは、事前に準備をした上で自分なりの腹決めして独立されている方が多いこともあるかもしれませんが、一度個人事業主になった人でサラリーマンに戻った人は意外に少ない印象です。

やはり、一度場所・時間に束縛されない自由な働き方を経験するとサラリーマンにはなかなか戻れません。このあたりの感覚は、今回のコロナ禍でテレワークを経験したサラリ

ーマンがリアルな出社勤務になかなか戻れない感覚と似ているかもしれません。筆者の場合、「雇われない・雇わない」というIC（個人事業主）のコンセプトに共感して個人事業主になりましたが、個人事業主として実際に働いてみると「会社を辞めたい」要因の多くが解消されることが実感できます。

あなたの「会社を辞めたい」理由は、個人事業主として働くことで解消されるでしょうか。もし、多くの理由が解消されるようであれば、50代からのキャリアの選択肢として業務委託で働く個人事業主という選択肢も有力な候補となることを保証いたします。初期投資もなく、**今までの業務の延長線上で独立する業務委託型の独立であれば、設備投資もなく固定費も少ないこともあり、先ほどの廃業率ほどのリスクはありません。**

「辞めたい」と思ったら背水の陣をひいて1年以内に3万円ビジネスを立ち上げてみる

拙著『知らないと後悔する定年後の働き方』（フォレスト出版）でも紹介の「月3万円ビジネス」という考え方があります。非電化工房代表／日本大学客員教授の藤村靖之先生が提唱されている考え方で、月3万円のビジネスのネタを複数見つけて取り組むというものです。

月3万円という設定が絶妙です。3万円であれば安すぎてライバルは参入してきません。シニアのキャリアも「1カ所に依存して高額の売り上げをあげる」よりも、「少額でも複数のポイントから売り上げをあげる」という月3万円ビジネスの考え方が有効です。

50代からの独立の場合、初めから大きなディールは狙わず、月3万円ビジネスの考え方を参考に、まず売り上げはわずかであってもコネクションを作ることに価値を置くことです。「月1回半日のサポートで3万円」でいいのです。新たなクライアントとつながりを持つことによって、そこから仕事は広がっていきます。

期限を区切ってまずは雇用以外の形で「3万円ビジネス」を立ち上げてみましょう。どんなことでも構いません。1年以内に3万円ビジネスを立ち上げることを今年の必達目標に設定します。その効果は絶大です。主目的である収入源のマルチ化が図れることはもちろんスキル・経験のマルチ化も、人脈のマルチ化も図れます。

50代から**想定外を想定内にするための具体的な行動**としてぜひ3万円ビジネスの立ち上げをおすすめします。ブレインダンプで3万円ビジネスのネタを頭の中から徹底的に出し切り実行に移します。

1年以内に3万円ビジネスを1つ立ち上げられたという自信は大きいです。**0から1が達成できれば、1から10の実現は容易です。**

50代からセカンドキャリアを考える際の留意事項

❶自分が会社を去っても会社は続いていく

新卒入社から30年近く勤務した会社です、会社に対する愛着は強く、自分がいなければ会社は回らないとどうしても考えがちです。筆者の場合もそうでした。「自分がいなくなったらきっと困るに違いない」という妙な自信というかプライドを持って仕事をしていましたが、退職後も全く問題なく会社は回っていることを知り、妙な寂しさを感じたことを今でも思い出します。

考えてみれば当たり前です。今までも多くの先輩が会社の仕事を担い、そして去っていきましたが会社はびくともしていません。会社は組織で動いていますので、あなた一人が抜けたくらいではびくともしないのです。20代・30代の「会社を辞める」はドライなものですが、40歳、50歳と会社の在籍期間が長くなればなるほど退職に関するアンコンシャスバイアス（本人が気づいていない、偏ったものの見方やゆがんだ認知のこと）がかかりがちです。50代からのキャリア選択では、必要以上に周囲に気遣う必要はないことをここで再確認しておきたいと思います。

❷資格に関する留意点

30代では大型業務独占系資格にチャレンジするのもチャンスであることを解説させていただきました。しかしながら50代では様相が変わります。50代からの資格チャレンジに関しては、今までの実務経験を認証するような資格や実務経験の延長線上にある資格に限定したほうが賢明です。

50代になると転職案件も少なくなりますので、どうしても大型資格を取得しての一発逆転を狙いがちです。長年営業に従事していた方が社会保険労務士試験にチャレンジするケースなどもよく聞くケースですが、資格の世界は顧客を獲得してなんぼの世界です。どんな資格でも顧客を獲得できなければ売り上げはゼロです。

クライアントも実務経験がない試験合格者に仕事を頼もうとは思いません。漫才の笑い話ではありませんが、通信教育で取得した空手の有段者（通信教育で実際は空手の段は取れないと思いますが）に指導を依頼する人がいないのと同じです。

また、大型資格にチャレンジしていると**受験が年中行事化し泥沼に入り込むことが多い**

です。本業もおろそかになり、家族の応援無しの資格チャレンジは自己満足の域を超えません。資格取得の勉強自体がセカンドキャリア準備のような気持ちになってきますが、まずは「3万円ビジネス」を必達目標として立ち上げ、会社以外の売り上げをあげてみることのほうがセカンドキャリアという観点ではメリットは格段に大きいです。

❸外部の専門家リソースを積極的に活用する

第3章で、体調に異変が生じたときの行動として「かかりつけ医を確保」することをおすすめしました。50代では、主治医に加えて、お金に関する外部専門家（ファイナンシャルプランナー（FP）、税理士など）の相談ルートを確保しておくことをおすすめします。

40代でも説明させていただきましたが、現実的にキャリアチェンジを考える際に最大の懸念事項となるのは、やはりお金の問題です。40代同様に50代でも「住宅費用」と「教育費」が会社を辞める際の最大の懸案事項になります。

今の借金、貯金を洗い出してFPなど専門家にシミュレーションしてもらうことにより、収入がいくらまで減少しても耐えきれるか、どの費用を削減できるか、などが数字で明確になります。早期退職に応募する前には専門家によるこうしたお金のシミュレーションをしておくことがMUSTですが、多くのサラリーマンは早期退職を想定内の出来事にしていません。応募締め切りまで時間のない中、こうしたお金のシミュレーション無しでエイヤーと早期退職に応募し、予想外の収入減に家計が耐え切れなくなるケースも考えられます。有事ではなく平時にこそこうしたシミュレーションは行っておくべきです。

❹定期収入がある会社員時代に可能な限り「独立」に向けたシミュレーションを済ませておく

先ほどＩＣ協会（インディペンデントコントラクター協会）について紹介させていただきましたが、将来独立して個人事業主として働く予定があるのであれば、早めにこうした協会を通じてすでに独立している人とリアルに接触してみることをおすすめします。

「百聞は一見に如かず」のことわざの通り、実際に業務委託で働いている人にリアルに会って話をきいてみるとそのイメージが明確になります。ＩＣ協会ではスタートアップセミナーも開催していますので、興味がある方はぜひ参加されることをおすすめします。

転職を想定している場合でも独立を想定している場合でも実際にキャリアチェンジの前にはこうしたリアルなシミュレーションの実施が成功の鍵になります。会社を辞めてからでは遅いです。会社を辞めた直後は無収入であることが多く、こうしたシミュレーションを行う余裕はありません。

❺ノマド的な働き方への準備&トライアル

会社を辞めると会社から受けていた当たり前のサービスが使えなくことに気がつきます。今までは、会社のシステム担当者がサポートしてくれていたIT関係のサービスも当面は自分で対応していかなければいけません。サーバーなども当然使えなくなりますので、自分独自のクラウドサービスが必要になります。

ノマドとは、遊牧民を意味する「nomad」に由来する言葉で、現代では主に特定の場所やオフィスを持たずに仕事をする働き方を指しますが、50代からはそういったノマド的な働き方に向けた準備を進めておく必要があります。例えば、50代になったら、サラリーマン時代からぜひDropboxやEvernoteなどのクライド契約を締結し（多くの場合で無料）独自のデータベースを作り始めておくことをおすすめします。

退職後は顧客の開拓など他に取り組むべき事項は山ほどあり、なかなか取り組む時間が取れません。会社を離れると使えなく機能に関しては、在職中から代替手段を講じておくことも50代に限らずどの世代でも共通の取るべき行動です。

❻50代からは会社イベントだけでなくプライベートのキャリアイベントもキャリアプラン

に入れておく

50代では、役職定年、出向、定年再雇用などの会社イベントだけでなく、親の介護問題などでも退職を余儀なくされることもあり得ます。介護については、自分一人で解決しようと思わず、地域の包括支援センターなどに相談しながら周囲のサポート体制を構築することにポイントがあるのですが、こうした知識についても事前のシミュレーションを行っていないとうまく対応できません。

「自分には関係ない」と思いがちですが、年齢的にもいつ問題化してもおかしくない介護問題などは、事前にキャリアプランに織り込んで「想定外」から「想定内」にしておく必要があります。

❼50代からは捨てるものを決める

50代では全方位外交は時間的にも体力的にも無理になってきます。自分として捨てるものを決めておきましょう。筆者の場合は、英語力不足が若いころからの課題でした。過去には何十冊という数の英会話の本を買いこんできましたが、ポケトーク（携帯版の翻訳機）で海外の旅行者が不自由なく日常会話をする姿を最近目にすることが多くなり、50代になってから英語はきっぱり捨てました。

今まで気になってきたものでも50代できっぱり諦めることで断捨離効果を享受することが可能です。**あなたは、50代で何を捨てますか?**

第7章

各年代別「会社を辞めたい」マインドの活かし方（60代）

60代の「会社を辞めたい」

65～69歳の50．3％が働く時代

今60代の皆様は、長年勤務した企業で無事に定年を迎え再雇用のレールに乗っている方が多いと思います。65歳からは年金も支給になるのでその後は特に働かなくてもいいかな、と思っている方もいらっしゃれば、まだまだ元気だし、これからは会社や家族のためではなく自分のやりたいことをやりたいと思っている方もいらっしゃると思います。

２０２２年の敬老の日に総務省から高齢者の就業率に関するデータが公表されました。特に注目を浴びたのが65～69歳の就業率です。２０２１年に65～69歳世代の就業率が初めて50％を超えたのです（65歳までは高年齢者雇用安定法にて企業には雇用義務が課されていますので就業率は70％を超えています）。

雇用義務の課されていない65歳以降の世代でも半分以上の人が働き続けているというデータは、まさに「働けるうちは働く時代」の到来を示しています。

年金も支給されるのでもう働かなくてよいと思っていた人は、これから少数派になってきます。２０２１年でもすでに２人に１人は働き続けているのです。人間、どうしても周囲の人に影響されがちですので、65歳以降は完全引退と思っていたシニアも周囲の仲間が働き続けていると考えもぐらついてきます。少数派にはなりたくないという意識もあり、考えを変えるシニアも増えてくることが予想されます。

いずれにしても多くの会社で会社が準備した雇用は65歳で終了しますので、今まで会社の引いたレールの上を走ってきたサラリーマンを含め、65歳以降のセカンドキャリアに関しては、誰もが自分で計画し切り開いていく必要があります。**例外なくセカンドキャリアに踏み出すのが実はここ60代なのです。**

人生60歳以降が実は長い！

下図をご覧ください。ヨコ軸に1日の24時間を、タテ軸に生まれてから80歳までの年齢軸をとった人生総活動時間表です。この表でご自身の人生時間のポートフォリオが可視化できます。

この表をご覧になってどのような印象をお持ちでしょうか。

長い長いと思っていた「社会人になってから定年まで会社に拘束されている時間」よりも、「在職中の自由時間（個人が采配できる時間）」のほうが大きいことを意外に感じる方も多いでしょう。

また、60歳定年後の時間のほうが、20歳から60歳までの会社時間よりも長いことも意外に感じるのではないでしょうか。

人生100年時代においては、80歳までは社会と接点を持ちながら、形はともあれ現役で働くことが当たり前の時代になりつつあります。働くことをやめ、社会との設定をなく

人生活動総時間の可視化

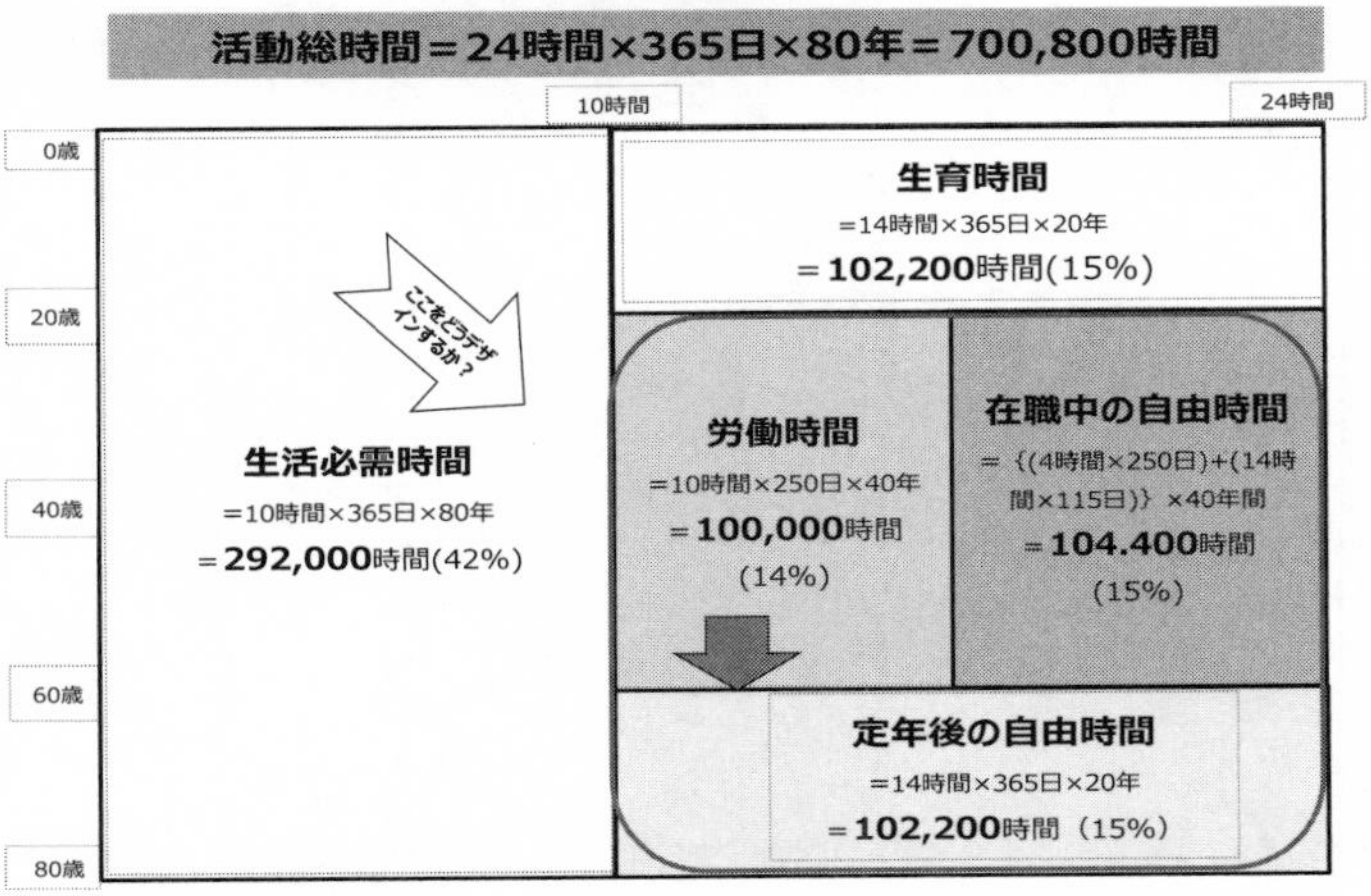

す「社会的孤立」は避けなければなりません。

あなたがリタイヤ後の一緒に旅行に行こうと思っていた友人はまだ働いています。あなたは1人で20歳から60歳まで会社に勤務していた時代以上の時間を楽しむ計画はお持ちですか。

定年後に目標もなく漫然と過ごすのではなく、ここをデザインして過ごすかで、あなたの人生という作品の出来栄えは大きく変わってくるのです。

「人生終わりよければすべてよし」ではありませんが、いくら現役途中まで立派なキャリアを過ごしてきても、キャリアの最後で不遇をかこい、無気力な生活を送ってしまってはなんにもなりません。

また、逆に言えば、現役時代には残念ながら出世に恵まれなくても、60歳以降の潤沢な時間で充実した生活を送ることができれば、トータルとしての人生の充実度は前者をはるかにしのぐことも可能です。

60代では優先順位をつけて動くことがより重要な時期

2019年の男性平均寿命は81.41歳、健康寿命は72.68歳です。健康寿命は、健康上の問題で日常生活が制約されることなく生活できる期間です。

現在、高年齢者雇用安定法では、70歳までの就労機会提供の努力義務を課しています。定年や再雇用終了時に「特にすることもない」「他の人も再雇用されるから」と安直に70歳までこのレールに乗り続けると健康で動くことのできる余生の期間は残りわずか2.68年（72.68歳-70歳）ということもありえます。

いつか実現したかった富士登山や屋久島縄文杉訪問ももはや不可能ということになりかねません。60代からは、仕事だけなく人生の目標を含めたセカンドキャリアプランを作成し、優先順位を自分でつけて取り組んでいく必要があります。

60代からは、今まで温めてきた計画（夢）を実践していく時期です。仕事でなくても本当に自分が興味あることにチャレンジしていきます。キャリアを報酬の伴った仕事だけに限定する必要はありません。実は60代で最も重要な仕事は「人生の居場所づくり」です。

「死ぬ瞬間の5つの後悔」（ブロニー・ウエア著、新潮社）という本があります。著者は、オーストラリア生まれで緩和ケアの介護職を長年つとめ、数多くの患者を看取った人物です。その経験をもとにして書いたブログが大きな注目を集め、それをまとめたのが「死ぬ瞬間の5つの後悔」です。

死ぬ瞬間の5つの後悔は、次の5つです。

①「他人の期待に沿うための人生ではなく、自分のやりたいことをやっておけばよかった」
②「仕事ばかりしなければよかった」
③「自分の本心を伝えておけばよかった」
④「友達と連絡を絶やさないでおけばよかった」
⑤「自分を幸せにしてやればよかった」

いかがでしょうか。60代では仕事だけでなくプライベートを含めたライフプランを作成し、悔いない人生を歩んでいきたいものです。

60代での家計の変化

60代に入ると家計の入りと出にも大きな変化が出てきます。

まず入りに関する変化ですが、60代では65歳から年金が支給開始になることです。確かに年金だけで老後資金をすべてカバーすることは難しいですが、仕事以外の収入が65歳から入ってくる安心感は大きいです。

また、出に関する変化ですが、サラリーマン時代に最も負担感が大きい「住宅費」と

「教育費」に変化が出てきます。

住宅費は、購入時に設定した返済計画に従って基本的には定額の支出になりますが（もちろんプランによっては変動しますが）、特に教育費に関しては、30代より40代、40代より50代というように年齢が上がるにつれ、より負担感が増してくるのが一般的です。

まず教育費についてみてみます。

「令和3年（2021）人口動態統計月報年計（概数）の概況」を見てみると、2021年の平均初婚年齢は女性29．5歳、男性31．0歳となっています。1980年は、女性25．2歳、男性27．8歳でしたので、晩婚化が進行していることがわかります。

また、「令和3年度出生に関する統計」（厚生労働省）を見ると父母が結婚生活に入ってから出生までの平均期間は、第1子誕生まで2．45年、第2子誕生まで4．93年というデータがありますので、男性の初婚年数にプラスしてみると第1子誕生は33．45歳、第2子誕生は35．93歳になります。この年齢に大学卒業の22歳を足してみると、60歳前に第2子も一番教育費のかかる大学を卒業している計算になります。

住宅費に関しても定年と同時にローン返済が終わるケースや残債を退職金で一括返済して支払い完了というケースも増えてきます。また、子女の結婚による巣立ちにより、住む場所に関しても柔軟性が出てきます。子女の結婚後に今まで住んでいた場所から住居もダウンサイジングして夫婦2人にちょうどいい広さに住み替える人も増えてきます。

一般的には60代になると40代・50代には固定費であった教育費や住宅費が変動費化し、40代・50代に比較すると経済的には余裕が出てきます。年金も65歳から支給になりますので、入りと出の双方から経済面で改善されるのは大きいです。

60代のアドバンテージ

以上のように一般的には40代・50代に比べると60代になると経済的には少し余裕が出てきます。また、キャリアの先が見えていることも30代・40代にはない大きなアドバンテージです。再雇用で働いている65歳未満の方は、今のところ65歳で今の会社での雇用は終了と考えておけば間違いありません。「会社人生の先が見えた」＝「これから先のリスクも見える」ということです。

これが30代・40代では、まだまだ長い会社のマラソンレースに参戦中です。まだまだ不確定要素が多く先は読めません。これから教育費も住宅費もかかります。まずは定年という先のマラソンゴールを目指して走り続ける必要があります。途中でのコースアウトはなかなか許されませんし勇気もいります。

こうした会社の呪縛から解き放される60代からは、ぜひともロケット最後のエンジン「自立エンジン」（164ページの図）を吹かしていただきたいと思います。小さくても一国一城の主として「独立」されることをおすすめします。若手・ミドル層に比較して独立に必要な「お金」「人脈」「経験」を備えた60代は、ご自身のキャリアのキャンパスに自由に絵を描くことができるチャンスです。

次は60代からのセカンドキャリア推進のポイントを解説させていただきます。

60代からのセカンドキャリア推進のポイント

❶細く・長く・複線化が基本

60代からのセカンドキャリアは、**「細く・長く・複線化」が基本コンセプト**です。決して「ここで博打を打って一旗あげよう」などと考えてはいけません。退職金を全額つぎ込むようなセカンドキャリアは60代にとってはタブーです。**「高さ」ではなく、「面積」で収支を取る**ことを考えます。

もう1つの60代からのセカンドキャリア推進の基本コンセプトは、「複線化」です。何も内容や仕事先を1つに絞る必要はありません。また、1つの働き方にこだわる必要もなく、業務内容やお客様のニーズにマッチした働き方を選択すればいいのです。

筆者のケースですが、人事業務を個人事業主とサポートさせていただく際には、業務委託契約を結んで働きます。日数限定でパートタイム的に働く際には、非常勤のパートタイマーとして雇用契約を結んで働いています。状況に応じて仕事の形態を選べばよく、何も独立したから必ず業務委託契約や請負契約で働かなければならないなどと硬直的に考える必要はないのです。

長年、正規雇用フルタイムで会社勤めをしていると複数の会社で働くことはできないという感覚を持ちがちですが、これは長年会社の兼業禁止規定が頭に染みついているからです。

60代からのセカンドキャリアでは、3つのマルチ化（①「のポイントとして「経験・知識・スキルのマルチ化、②人脈のマルチ化、③収入源のマルチ化」のうち、特に③の「収入源のマルチ化」を意識して推進していきます。小さな仕事を数多くこなすことで収入源も分散化され、時に経過とともにそこから枝葉のようにネットワークも広がります。初めはどうしても低空飛行ですが、続けていくことで徐々に収入も積みあがっていきます。

60代からのセカンドキャリアは「自分の得意なこと」「自分がやりたいこと」が基本

60代からのセカンドキャリアでは、イヤなこと、苦手なことをやる必要は全くありません。60代からのセカンドキャリアの方向性は、「他の人より苦にならないこと」や「他の人より短い時間でやれること」を中心に考えていきます。

ユニーク・セーリング・プロポジション（USP）という言葉をご存じでしょうか。直訳すると「個性的で、売り込みのできる、提案・主張」になりますが、セカンドキャリアで言えば、あなたが今まで「一番時間をかけてきたもの」「一番お金を投じてきたもの」を何かを考えることで見えてきます。また、取り組んでいて「あっという間に時間が過ぎること」もセカンドキャリアの方向性のヒントになります。

60代からのセカンドキャリアでは、活動範囲を企業だけでなく自身の住む地域へシフトしていくこともご検討ください。地域活動には、以前は60歳が参加開始のポイントになっていましたが、年金支給の65歳化とそれに対応する高年齢者雇用安定法による65歳雇用義務化により、地域デビューの時期がどんどん遅くなってきています。

筆者もサラリーマンを辞めてから地域活動に参加するようになりましたが、「65歳になって会社との契約も終了した、これからは暇つぶしに地域活動にでも参加してみるか」と重い腰をあげても少し遅い感じがします。あなたが会社生活中心で地域活動など目もくれなかった間に、ボランティア的にＰＴＡ活動や子ども会活動に積極的に参加しているサラリーマンが実はいます。

もしかすると会社では必殺仕事人の中村主水のように昼行燈と呼ばれているかもしれませんが、いつの間にか地域の長老、あなたの奥様、地元の自営業者などと会社や役職など一切関係のないコミュニティをすでに形成している方がいらっしゃいます。

地域活動デビューの最も手っ取り早い方法は、**少しでも早くから地域活動に参加することです。**いくら大企業の元役員と言っても地域活動には肩書は必要ありません。参加年数の長さがモノをいうのです。認知症の原因は、人とのコミュニケーション不足だと言われています。65歳で再雇用期間の終了とともに社会との接点が切れ、自宅に閉じこもりでは認知症への道まっしぐらです。

60代からのセカンドキャリアの留意したいこと

60代は、人生でリスクが最小になる時期であり、積極的なチャレンジが可能な時期です。しかしながら、30代・40代とは明らかに身体面では衰えが出てきています。ここでは、60代からのセカンドキャリア推進において留意しておきたいポイントについてご紹介したいと思います。

筆者は35歳のときに急性心筋梗塞を発症し、40日間の闘病生活を送りました。幸い無事手術も成功し、それ以降は再発もなく社会人生活を送っています。しかしながら、心筋梗塞により一部心臓の動きが悪くなっていますので、全速力で走ったり重い荷物を持ったりすると息が荒くなり、心臓がバクバクしてきます。

こうしたこともあり、個人的には肉体を駆使せずにできるデスクワーク的な仕事に従事できるように準備してきました。読者の皆様の中にもこうした制約をお持ちの方もいらっしゃるかもしれません。その場合には、無理せずに自分の制約条件の範囲内でセカンドキャリアを考えることが第一優先になります。

❶60代以降で肉体を駆使する仕事に従事することには留意が必要

筆者のようなケースは例外だと思いますが、たとえ健康上に大きな問題がない場合でも肉体を駆使するような仕事は避けたほうが賢明です。会社員時代に印象に残った光景です。

会社員時代には、年末に書類一斉廃却の日が設定されていました。不要書類をまとめて回収にきたトラックに渡します。ある年の不要書類回収の際に年配の方が若手と一緒に回収に来られました。梱包用の紐で結ばれた書類の束はそれなりの重さになります。やはり年配の方は、若手に比べると体力的に劣ります。若手から作業の遅さを叱責されながらよろよろ作業を行う年配者の姿を見てなんともいえない気持ちになりました。

健康面で制約がある自分は、「このような体力を使う仕事にこれから従事することはできない。そのためにもデスクワークで長く働けるような準備をしなければいけない」と心に強く思った出来事でした。

自分には能力以上の無理を強いられるような仕事に60代から従事することはリスクです。人により制約条件も異なりますので一概には何が良い、何が悪いとは言えませんが、自分にとっての制約は自分が一番わかっています。

60代からセカンドキャリアを実行する際には、どこかにこうした無理はないかをチェックすることも重要です。

❷シニアの定番業務の表裏を理解する

２０２２年８月発売の「週刊現代」で、〝「ビンボー老後」を招く「65歳の壁」〟という特集が組まれたことがあります。筆者もコメントをさせていただいているのですが、この特集記事では、「稼いでいるのに身体が壊れ、寿命が縮んでいく」悲惨な事例が紹介されています。

シニアからの職業としては、警備、マンション管理、清掃などが思いつきます。マンション管理の仕事の実態を記事からの引用で紹介します。

〝朝6時半に出勤してゴミ置き場に溜まっている大量のゴミを仕分けて移動させる。それだけでヘトヘトなのに、終わったら共用部分を上から下まで掃き掃除。昼に一息つけるかと思うと、今度は住民に雑用を頼まれたり『掃除の仕方が甘い』と叱られたり。本社に『あの人はいるだけで何もしていない』とクレームを入れられた時は、さすがに気がめいりました〟（週刊現代、2022年9月3日・10日号、P42）

「働くついでに体も鍛えよう」などと考えて、炎天下での交通誘導員など安易に体力が必要な仕事についてしまうと長続きしないばかりかケガや病気を招きかねません。筆者の亡くなった父親も定年後に交通誘導の仕事をしていましたが、熱中症で倒れて病院に搬送されたこともありました。

様々な仕事にチャレンジしてみることは良いことですが、自分の体力や適性も踏まえた上で慎重に踏み出していくことも必要です。

60代は誰もが「会社を辞める」時期

60代は、ほぼ例外なく全員が「会社を辞める」時期になります。もちろん、65歳を超えて70歳、80歳まで同じ会社で現役を続けている方もいらっしゃいます。例えば、サンコーインダストリーに勤務する玉置泰子さんは、今も92歳の現役総務課長で「世界最高年齢総務部員」としてギネス世界記録にも登録されています（玉置泰子著、『92歳 総務課長の教え』、ダイヤモンド社）。

確かに高年齢者雇用安定法で70歳までの就労機会提供を企業に努力義務として求めています。筆者も各社人事の方々とこの件で意見交換する機会も多いのですが、落としどころは「65歳以上も会社に残ってもらいたい一部の人だけフルタイムではなく週3日といった形で再雇用の延長で対応する」というところだと思います。

法改正も行われたこともあり、65歳以降もつつがなく同じ会社に勤め続けたいと気持ちはわかりますが、国や企業の対応に関わらず、ぜひ65歳をキャリアの区切りとして自らセカンドキャリアに踏み出していただければと思います。

止めることのできない労働力人口減少の流れの中で、日本の活力向上に貢献する潜在的なパワーを有しているのは我々60代のシニア層です。世界に類を見ない超超高齢社会において、会社に依存しない定年もな

それぞれの年代の「会社を辞めたい」

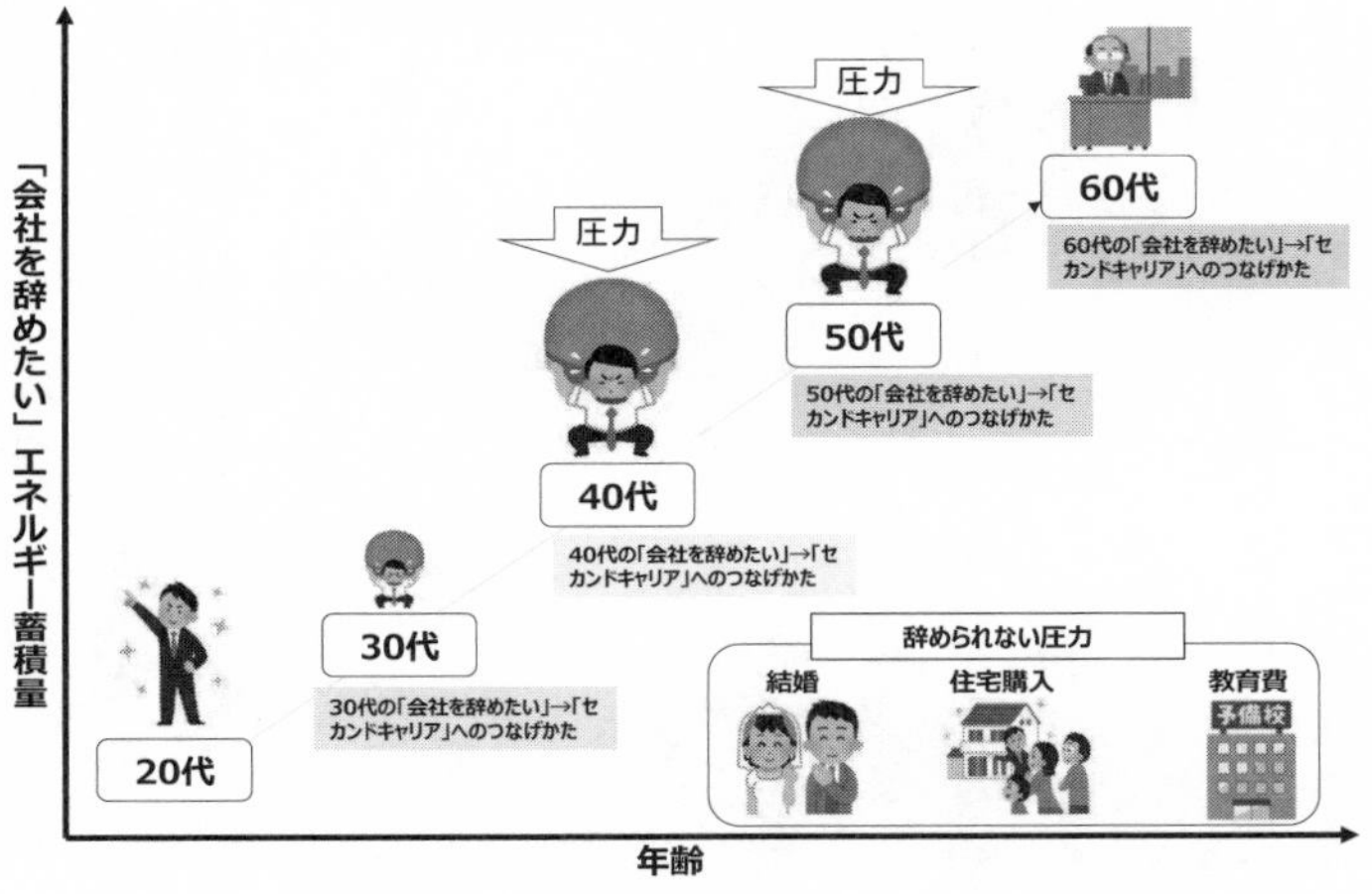

いエイジレスな働き方が実現できれば、世界的な課題である高齢社会の好モデルになります。「会社の辞めたい」という思いに悩む若手・ミドル層が後に続きたいと思えるような新たな働き方を実行し、その可能性を見せることも現在のシニア層の役割であり、責務です。

60代での「会社の辞めたい」は頭で考えるだけではなく、実際に実行する「会社を辞める」です。

第8章

節目となるライフステージ・イベントごとのセカンドキャリアの考え方

年代とは関係なく起きる想定外のキャリアイベントの捉え方

前章までは、年代別に「会社を辞めたい」マインドをどうセカンドキャリアに活かしていくかについて考えてきました。本章では視点を変えて長いキャリアの中で人それぞれ様々な形で遭遇するであろうキャリアイベント（良いこともあり、悪いこともあります）に遭遇した際にそれをどのようにセカンドキャリアにつなげていくのか、について考えてみたいと思います。

想定外のイベント遭遇は願ってもないチャンスと考える

想定外のキャリアイベント（リストラ、M&A、闘病など）や結婚・出産・子育て・離婚・介護など様々なライフイベントに遭遇してキャリアに関して悩むサラリーマンは多いです。

こうしたイベントは、個別的に個人に訪れますのでどうしても1人で問題に対面することになり、不安になりがちです。結婚や出産等に関しては、ある程度時期も読め、最近は関連情報も多くはなっていますが、それぞれ置かれた環境は異なりますので、結局は各人がそれぞれ自分で考え対処していかなければいけません。

こうしたイベント遭遇は、どうしても〝**一度社会の流れから外れてしまった感**〟を抱きがちですが、そうではありません。第4章で「キャリアは節目で考える」ことを解説させていただきました。キャリアの節目は、責任や役割、人間関係、アイデンティティも変わるような不安な時期でもありますが、改めて自分のキャリアを考える貴重なきっかけになります。

想定外のキャリアイベントに遭遇しているあなたはチャンスです。ぜひ、この時期は少し立ち止まって自らのキャリアをあらためて考える時期だと考えてじっくりご自身のキャリアに向かい合ってください。

長いキャリアの歩みの中で訪れる様々なキャリアの節目

高度成長の時代からつい最近まで、会社の引いたレールに乗ったサラリーマンは、とりあえずのゴールである定年まで**脇目も振らず走りつづけること**が求められてきました。これは、サラリーマンに求められる暗黙のルールであり、出世の最低限の条件でもありました。

その当時の女性は、結婚と同時に「寿退社」、あるいは結婚では退社しなくても出産を契機に専業主婦になるというのが１９８６年施行の雇用機会均等法前の基本的なキャリアパスでした。それゆえ、その当時女性は、会社の引いたレールにゴールまで乗り続けることはできずに初めから出世の候補者と見なされていなかったのです。

下図をご覧ください。高度成長時代からバブル世代くらいまでの平均的なサラリーマン

高度成長時代からバブル世代くらいまでのサラリーマン

"一本足"家計

筆者世代（昭和36年生まれ）からバブル入社期くらいまでの世代では、男性が会社で滅私奉公的に働くという「一本足家計」で年収1,000万円を目指してきた人が多い。その配偶者は結婚とともに専業主婦として家庭に入った。

<収入>
- 年功的賃金の適用を受け、結果的に50歳以降のシニアで賃金はMAXになっている

<支出>
- 晩婚化傾向もあり、定年前後で子女教育費がMAXになる
- 住宅ローンもまだ返済中（35年ローン）
- 教育費・住宅費は、下げにくい費用であり、容易に下がられない

<キャリア形成>
- 会社の異動命令を通じて"自社最適な"キャリアを形成しており、汎用性あるキャリアは形成してきていない
- 個人による自律的なキャリアデザインは必要がなかった

⇩

<結果として>
- **安易にキャリアチェンジできない（冒険できない）**
- **「現状維持」が結果として一番リスクもなく、経済的にもメリットがあるという判断**
- **社内でもボリュームゾーンになっており、リストラのターゲットになりがち**

の姿です。男性が入社した企業で滅私奉公的に働き、サラリーマンの目標である年収１０００万円を目指していました。多くのケースで配偶者は結婚・出産とともに専業主婦として家庭に入りました。

　前提とされた社会背景により家計戦略も変わってきます。下図をご覧ください。最近の共働き家計戦略です。こちらでは、夫婦共働きが働き方の前提になっています。育児介護休業法の整備充実もあり、結婚・出産などのイベントでも夫婦ともに会社を辞めることなく勤め続けられるようになりました。それぞれが年収５００万円を稼ぎ、世帯で年収１０００万円を達成するイメージです。

世代による家計戦略の違い

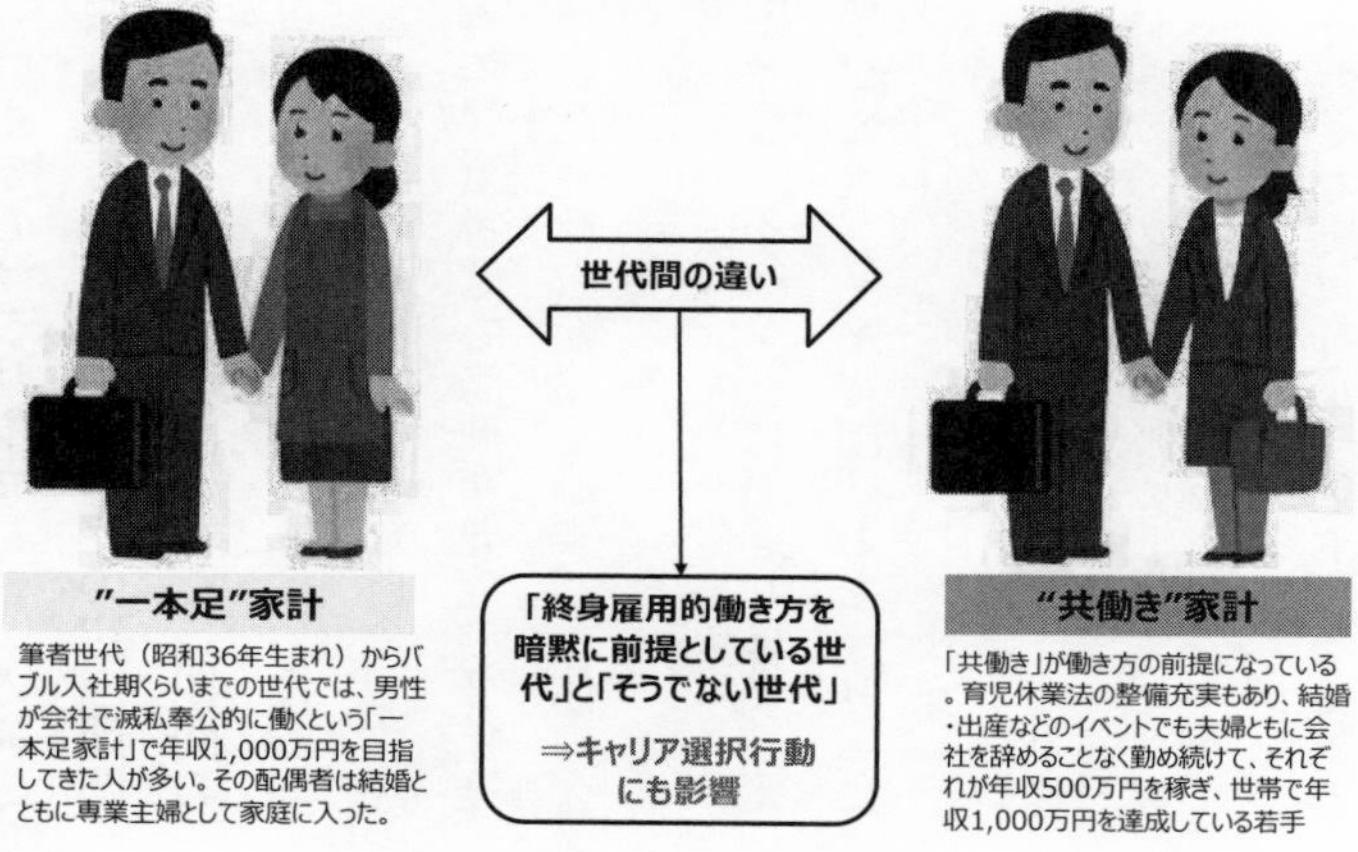
世代間の違い
"一本足"家計
筆者世代（昭和36年生まれ）からバブル入社期くらいまでの世代では、男性が会社で滅私奉公的に働くという「一本足家計」で年収1,000万円を目指してきた人が多い。その配偶者は結婚とともに専業主婦として家庭に入った。
「終身雇用的働き方を暗黙に前提としている世代」と「そうでない世代」
⇒キャリア選択行動にも影響
"共働き"家計
「共働き」が働き方の前提になっている。育児休業法の整備充実もあり、結婚・出産などのイベントでも夫婦ともに会社を辞めることなく勤め続けて、それぞれが年収500万円を稼ぎ、世帯で年収1,000万円を達成している若手

筆者は、前ページの高度成長時代からバブル世代くらいまでのサラリーマンの図の前提で働いてきた世代です。サラリーマンは、基本的に**定年まで長期間のキャリアの空白期間を作らずに走り続けることを求められました**。病気やプライベートを理由とした長期間の仕事からの離脱は出世競争からの脱落を意味します。以前、筆者は35歳のときに急性心筋梗塞で倒れたことをお話ししましたが、その際には「これで出世を前提とした自分のキャリアは終わった」と正直感じたことを思い出します。実際、筆者は心筋梗塞発症の2年後に社外に出向しましたが、出向先変更を経て44歳で入社した会社を転籍するまで本体の会社に戻ることはありませんでした。

長いキャリアの中では、人それぞれこうした独自のキャリアイベントに遭遇します。筆者のように闘病経験もそうですし、想定外のリストラやM&A、結婚、出産もキャリアに大きな影響を与える出来事です。

一般的には、病気などのキャリアイベントはネガティブに捉えられがちですが、振り返ってみると筆者にとって心筋梗塞のよる40日間という仕事からの長期離脱が自分にとってその後の大きなキャリアチェンジの始まりになっていたことがわかります。

この章では、視点を変えて、長いキャリアの中で人それぞれ様々な形で遭遇するであろうキャリアイベントに際してセカンドキャリアをどう考えるかといった視点で考えてみたいと思います。

キャリアの節目は「変身資産」獲得の大チャンス

前作『ライフシフト-100年時代の人生戦略』に続いて2021年10月にリンダ・グラットン／アンドリュー・スコットの『ライフシフト2-実践編』が日本でも発売となり、両シリーズあわせて50万部を超えるベストセラーになっています。

「ライフシフト」の中では、人生100年時代を生き抜くための3つの資産「生産性資産」「活力資産」「変身資産」が取り上げられていますが、その中でも特に「変身資産」の重要性が強調されています。「変身資産」とは、変化に応じて自分を変えていく力です。「生産性資産」と「活力資産」を使って、収入、生きがい、楽しみを獲得し、変身資産を使ってさらにキャリアをバージョンアップしていくイメージを思い浮かべていただければと思います。

しかしながら、この3つの資産のうち、日本のミドルシニアのビジネスパーソンにとって、最も蓄積が進んでいないのが「変身資産」です。

今までは入社した会社で定年まで勤めあげることが〝美徳〟であり、実際に鉄壁のキャリアでした。新卒一括採用により新入社員は全員横並びで会社の出世レースに参加し、「収入」と「役職」を働くモチベーションエンジンとして頑張ってきました。会社の引いたレールの上をひたすら走ってもらうのが組織としての最大のパフォーマンスを上げるための方策だったからです。会社が引いたレール以外のルートを走られては困ります。変化を求めてほかのレールがあること、レール乗り換えがあることに気づかせるキャリアデザイン研修などは、「百害あって一利なし」だったのです。

VUCAの時代（先行きが不透明で、将来の予測が困難な状態の時代）になると様相が変わります。「変化する力＝変身資産」がないと、これから待ち受ける人生１００年・現役80歳時代を生き抜いていくことができなくなってきたのです。

次ページの図をご覧ください。

横軸に年齢、縦軸に環境変化の幅を取っています。高度成長期は、国内・海外市場もどんどん拡大し企業は「良いものを安く作る」という方策を取っていれば良かった時代です。外部環境の変化の幅もまだ小さかった時代でもあります。

また、この時代は、60歳定年直後から年金が支給され、同じ企業に長く勤めれば勤めるほど退職金も積みあがりました。定年後には悠々自適の引退生活を実現することができた稀有な時代だったのです。

今は違います。外部環境変化の幅は大きく、働く期間も65歳、70歳、80歳とどんどん長期化しています。**環境変化に耐えうる個人としての変化する力＝変身資産を持っているかいないかが大きな鍵になってきた**のです。

変身資産の重要性は、各種調査結果にも示されています。労働政策研究・研修機構の調査で、「転職経験がある人ほど、高年齢の就労率が高い」というデータもあります。

会社の引いたレールからいったん途中下車

働く期間の長期化×環境変化の大きさ（変化の幅はイメージ）

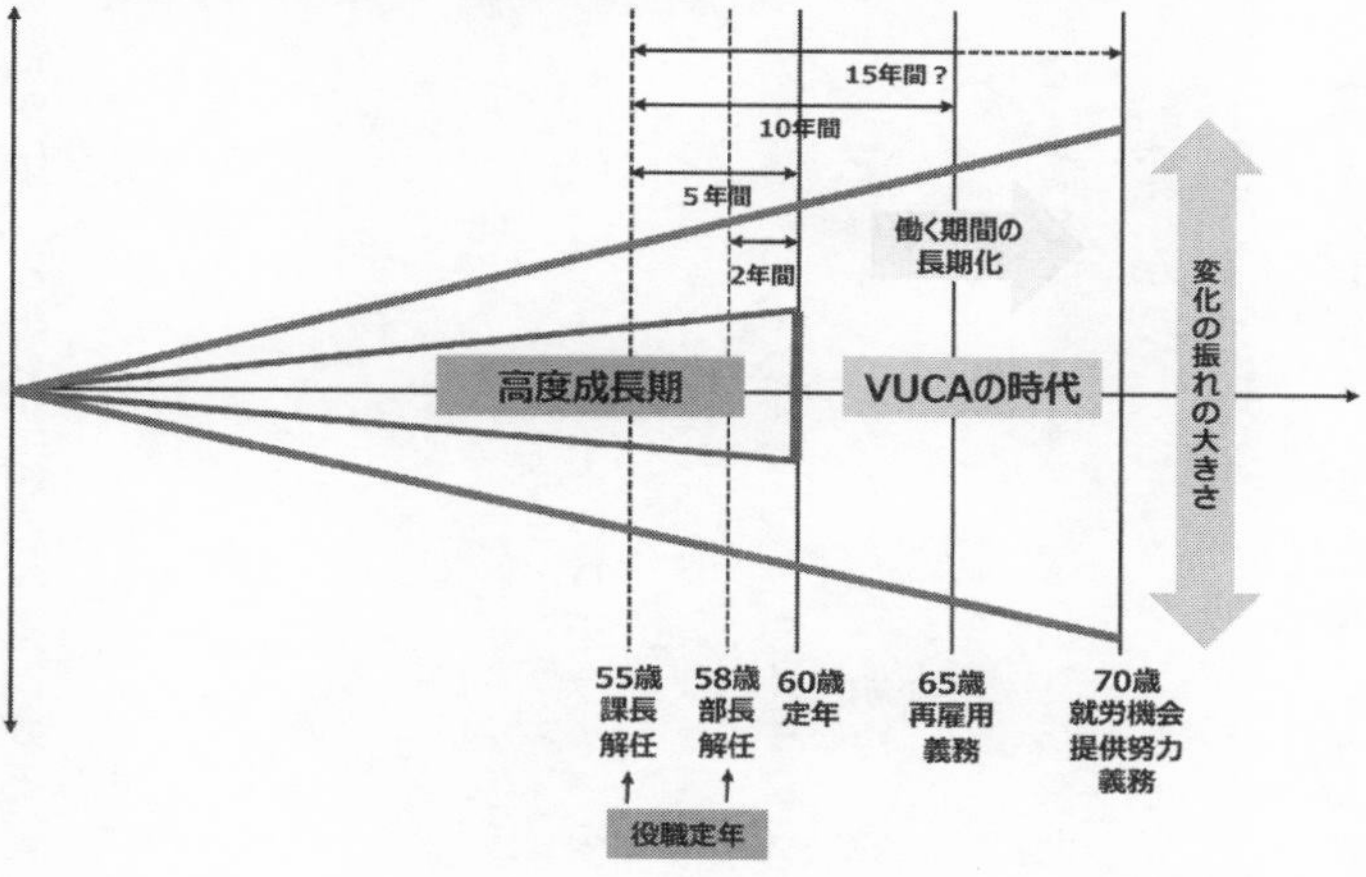

して個人のキャリアイベントの最中にいらっしゃるあなたは、この変身資産を獲得する絶好のチャンスです。会社の引いたレールに乗りっぱなしでルーティンワークに精をだすサラリーマンには、こうした変身資産を獲得することはできません。

貴重なエクスプローラーとしての経験が積める時期

「ライフシフト」のメインテーマは、「100年時代の人生戦略」です。これからを生きる私たちは、長寿化の進行により、100年以上生きる時代、すなわち100年ライフを過ごすことになると「ライフシフト」では問題提起しています。

新しい人生の節目と転機が出現し、「学習→仕事→余生」という人生から、**「マルチステージ」の人生**へと様変わりします。こうした動きに伴い、次の3つのステージが新たに登場すると「ライフシフト」は解説します。

1つ目は、1カ所に腰を落ち着けることなく、身軽に探検と旅を続け、幅広い針路を検討する**「エクスプローラー（探検者）」**です。新しい経験を積んだり、旅をしたりしていくことで、より多様な見方や視野を得て新しい自分を発見していきます。

2つ目は、組織に属さずに、自由と柔軟性を重視して小さなビジネスを起こす**「インデ**

ィペンデント・プロデューサー（独立生産者）」です。会社にいる間に専門性を身につけ、それをベースにプロとして自立して生きていくことになります。

そして3つ目は、異なる種類の仕事や活動に同時並行で携わる**「ポートフォリオ・ワーカー」**です。

いかがでしょうか。すべてのタイプに共通しているのは、自分らしさを追い求め、積極的にライフスタイルを模索していく姿勢です。人生100年時代には、従来のような3ステージから脱却し、マルチステージの人生を歩んでいく必要があると「ライフシフト」は指摘します。

新たなキャリアイベントに遭遇している

「人生100年時代」キャリアコースの変化

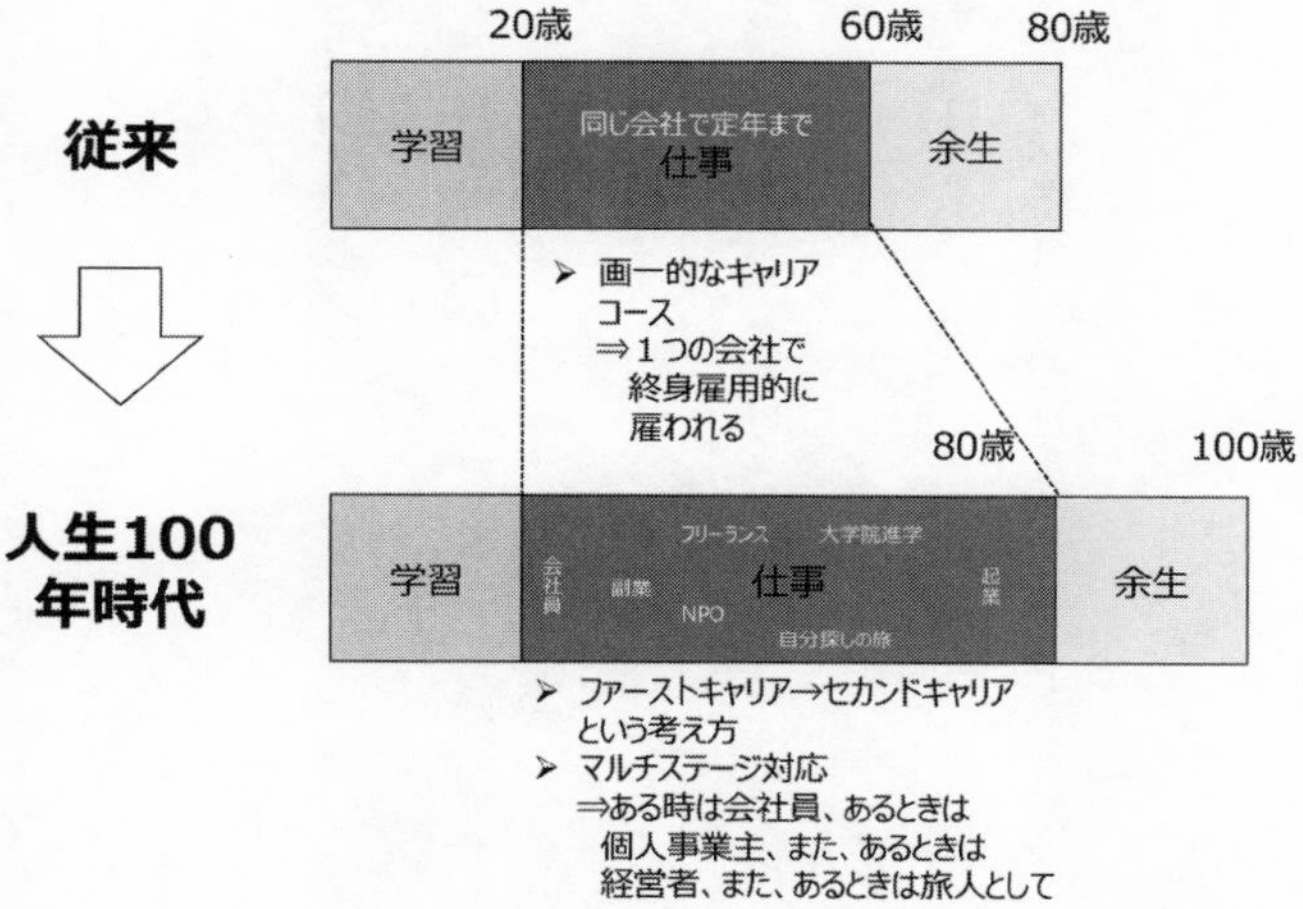

あなたは、今まさに3つのステージで言うと「エクスプローラー」のステージを歩んでいます。このタイミングは貴重です。会社というレールから少し距離を取り、自分のキャリアに関して今一度考える機会として今の時間を使いましょう。

節目となるキャリアイベント最中での行動スタンス

「ライフシフト」の中で提案されているエクスプローラーというステージでの行動ポイントは、以下の通りです。

- 1カ所に腰を落ち着けるのではなく、身軽に敏しょうに動き続ける
- 身軽でいるため金銭面の制約は最小限に抑える
- 生涯を通じて探検と旅を続け、新しい経験を追求する
- 自分を日常の生活と行動から切り離し、多様なものに触れ、真の実験が行われる時、自分の価値観と物事の優先順位を改めて深く考える
- 人的ネットワークを広げ、その多様性を高める
- 自分と言う存在の境界を押し広げ、固定観念から脱却し、他の人たちの行動をじっ

くり見る
・「システムの端」に立ち、自分の思い込みや価値観に新しい光を当てる

また、「ライフシフト」では、エクスプローラーの時期では、多様な人たちの苦悩や喜びを自分事のように考える「るつぼの経験」が組み込まれていることが望ましいと指摘します。他の人生の物語にふれることで、自分の価値観が揺さぶられ、アイデンティティについて熟考できるからです。

日々メインの仕事をしながらでは新たな経験を積んでいくエクスプローラー（探検者）というステージを歩むことは現実的にはなかなか困難です。しかしながら節目となるキャリアイベントの中にいる皆様には、上記のようなエクスプローラーとしての行動を取ることができます。

このステージにいることのメリットを理解し、ぜひエクスプローラーステージを楽しみ、有効活用していただきたいと思います。

筆者がキャリアの節目で取り組んだこと

振り返ってみると筆者も長い社会人生活の中で何度かキャリアの節目に遭遇しました。一度目は、本書内でもたびたび紹介させていただいていますが、35歳の時に急性心筋梗塞で倒れたこと。二度目は、44歳の時に新卒で入社した会社を転籍し出向先会社に転籍したこと。三度目は、50歳の時に転籍した会社がM&Aにより外資系企業の買収されたことです。いずれのキャリアイベントも**一般的にはネガティブに捉えられるものばかり**です。

❶1回目のキャリアの節目で考えたこと・実行したこと（35歳）

急性心筋梗塞で倒れたときは、まず自分の将来のキャリアが断たれたような気持になりました。不安一杯の日々を病院のベッドの上で送っていましたが、自分の現実に真っ向から立ち向かうことである種の覚悟のようなものが湧き上がってきたことも思い出します。ベッドの上で悩み考えたことは以下のようなことです。

①**これからのキャリアでは雇用ではなく独立を考える**

↓心筋梗塞という重い既往症を持つサラリーマンが今後会社で雇用されることは難しいかもしれない。雇用以外の働き方（独立など）を想定し準備を進める。このタイミングで独立系資格である行政書士資格を取りました。

②**持ち家は持たない（持てない）**

↓心筋梗塞という既往症を持つサラリーマンは、住宅ローンを組む際に絶対必要な「団体信用生命保険」には加入できないようでした（加入できても保険料が高額）。「団体信用生命保険」とは、「契約者が死亡または重度・高度の障害を負った場合、住宅ローン残債と同額の保険金が下りる」という保障を定めた特殊な生命保険のことです。これにより、セカンドキャリア踏み出しの際にネックとなる住宅ローンを組まずに済みました。

③**身体を壊してまで仕事をしない**

↓これは第3章「各世代共通キャリアチェンジの大原則」でも解説させていただいた〝公理〟です。

❷2回目のキャリアの節目で考えたこと・実行したこと（44歳）

44歳の時に新卒で入社した会社を退職したときに実行したことは以下の通りです。

①**60歳までの将来キャリアを見通すキャリアデザインマップを作成**

↓転籍後の担当業務が従業員の出向・転籍促進業務だったため、社命によりビューティフルエージング協会のライフデザインアドバイザー養成講座を受講しました。この中で60歳までの将来キャリアを見通すキャリアデザインマップを作成したことがその後のセカンドキャリアの踏み出しに際してキャリアの羅針盤的役割を果たしてくれました。

②新しい職場を今まで培ってきた実務経験をさらに磨き上げる場にする

↓転籍した会社は、従業員数２００人以下の中小企業でしたが、今まで経験してきた人事オペレーション業務を再度一から磨き上げるのには最適の職場でした。大企業の人事特有の細分化した業務遂行から人事全体に携わることができ実務の磨き上げができました。

❸3回目のキャリアの節目で考えたこと・実行したこと（50歳）

①人生はじめて自らの意思でセカンドキャリアに踏み出す準備を始めた

↓新しい経営体制のもと、今まで自分が果たしてきた役割と会社の期待にアンマッチを感じるようになり、具体的なセカンドキャリア実行計画に着手しました。その2年後には、人事領域の個人事業主として独立を果たしました

②社外での居場所づくりを開始

↓少々遅いスタートなのですが、会社の中に居場所が無くなってきた思いを充足させる意味もあり、積極的に外部セミナーや勉強会に参加し始めました。

振り返ってみると一般的にはネガティブな出来事もセカンドキャリア踏み出しに際しては、大きなきっかけになっていることがわかります。想定外のキャリアイベントの最中にいるあなたは、新たな経験を積んでいくエクスプローラー（探検者）というステージに今まさにいるのです。

すべての経験に無駄な経験などはないという事実

２０２２年10月から育児介護休業法が改正となり、「出生時育児休業」が新たに新設されました。男性の育児休業取得を促進するために新設される制度で、従来の育児休業とは別に、子の出生後８週間以内に４週間（28日間）までの間の労働者が希望する期間、２回まで分割して取得することができるようになりました。

従来の育児休業は、やはり女性中心で男性の育児休業の取得率はまだまだ低いままでしたが、今回の「出生時育児休業」により、多くの男性サラリーマンも育児休業を取得するようになることが期待されます。

筆者が個人事業主としてサポートさせていただいている企業でも制度適用と同時に多くの男性サラリーマンが育児休業を取得するようになりました。

こうした経験も期間は短いですが、ラインの仕事から離れ会社の仕事以外の自分の役割を改めて認識する**貴重なエクスプローラー期間**です。

筆者の会社員時代は、まだ男性が育児休業を取る時代ではありませんでしたが、それでも育児体験により新たな気づきがありました。大げさな言い方ですが、違う世界に触れる、一種の旅に出ているような感覚です。

例えば、出産と同時に家庭内の消費の中心は子ども中心になりましたが、出産以降、今まで全く目に入らなかったベビー用品店に目が移るようになりました。また、子どもが生まれる前は、町中にある砂場とブランコだけの小さな公園の役割に気がつきませんでしたが、子どもが生まれてから子どもにとっては非日常に触れられる大きな世界であることに気づきました。また、旅館の売店や高速道路のサービスエリアでおもちゃが売っていることに今までは気がつきませんでしたが、子どもが生まれてからはその役割を知ることができました。

些細な経験ですが、こうした経験こそ「あったらいいな」「自分ならこの業界でこんな貢献ができそう」など様々なオポチュニティに気づくきっかけになります。

先ほどエクスプローラーステージでの行動ポイントについて紹介させていただきましたが、例えば、会社生活から一時的にでも離れることで、**「自分を日常の生活と行動から切り離し、多様なものに触れ、自分の価値観と物事の優先順位を改めて深く考える」**ことができ、**「自分と言う存在の境界を押し広げ、固定観念から脱却し、他の人たちの行動をじっくり見る」**ことができます。

出産、育児、介護、闘病などの個人的なキャリアのイベントに関しては、キャリアの中断であり仕事に対してはマイナスなことと考えがちですが、『ライフシフト』のマルチステージの考え方はこうした考え方を否定しています。

個人的なキャリアイベントは、今は人生100年時代を生きていく上で貴重な経験であり積極的に体験していくものになっています。

また、不遇な時こそ実はチャンスです。周囲を見渡しても勇気をもってセカンドキャリアに踏み出した人は、病気やリストラなど一般的には決して良いとは思われない出来事をきっかけとしている人が多いです。おそらく馬車馬のように走り続けるサラリーマン生活のレールから降りたり、一時待避線に逃れたりすることによってじっくりキャリアを考える時間を持てたことも要因だと思います。

言葉は悪いですが、「転んでもただでは起きない」の気持ちで、今はエクスプローラーのステージだという認識を持ち、自らのキャリアデザインマップの推進を加速させましょう。

あとがき

本書を最後までお読みいただきありがとうございました。

本書は、筆者にとって4冊目の著作となります。これまでの著作は、いずれも中高年サラリーマンキャリアに関する著作でしたが、今回は中高年に限らず30代から60代までそれぞれの年代で遭遇する「会社を辞めたい」に焦点をあてて、その思いをどのように次のキャリアにつなげていくかについて自分の経験をもとに解説しています。

自分自身のキャリアを振り返ってみると、「会社を辞めたい」という思いが〝沸き上がっては消え沸き上がっては消え〟のサラリーマン人生でした。大病をしたりキャリアの半分は出向していたりと決して順風満帆なサラリーマン人生ではありませんでしたが、仕事が比較的順調の時期にも常に頭の片隅には「このままのキャリアでいいのだろうか?」との思いがありました。

52歳のときに一度も転職経験もない状態から個人事業主として独立しましたが、筆者にとって22歳から考え続けた「会社を辞めたい」という問題の解決に30年間の年月が必要だったことになります。環境変化の幅が大きく働く期間が長期化するこれからの時代に、筆者のようにこの問題解決に30年の時間をかけている余裕はありません。

振り返ると「あの時期にはこうしておけばよかった」という反省も多々あります。こうした反省や実体験を踏まえて本書は執筆しております。本書を参考にしていただき筆者のように30年もの時間をかけずに結論を出し、自信をもってご自身の新しいセカンドキャリアを踏み出していっていただければと思います。

日本経済新聞の採用計画調査によると、2023年度の採用計画に占める中途採用の比率は過去最高の37・6％となり、2016年度から7年で2倍に上昇したと報じられています。国も大企業に対して2021年4月1日から中途採用比率の公表を義務化していますが、その狙いは、ずばり「中途採用の拡大」を図ることです。

人生100年・現役80歳時代に1つの会社に一生涯勤め続けることはもはやありえません。時期はともかく誰もが例外なく一度は会社を辞めて違うキャリアを歩む時代になっています。こうした必ず起こるキャリアイベントに関しては事前の準備が必須です。誰もが「今の会社を辞める」ことを想定外から想定内にしておく必要があるのですが、多くの方は「会社を辞めたい」という思いを一過性の迷いや自分の弱さと思うことで胸の奥深くに封印しています。

「会社を辞めたい」はチャンス！

これが本書のメッセージです。

「会社を辞めたい」という思いほど強力なキャリアの推進力はありません。こうした推進力をフルに活用し、ぜひ後悔のない自身のキャリアのTO-BE（あるべき姿）を達成してください。自分で決めた選択の結果に後悔はありません。

最後になりましたが、今回執筆という機会を与えていただき、企画からスケジュール管理まで終始的確なアドバイスにより、本書を完成まで導いていただいた株式会社ビジネス教育出版社　編集部の中河直人様にこの場を借りて御礼申し上げます。

2023年7月　木村　勝

〈著者プロフィール〉

木村　勝（きむら・まさる）

人事総務インディペンデント・コントラクター（独立業務請負人）、ライフデザイン・アドバイザー（ビューティフル・エージング協会認定）、電気通信大学特任講師（2014年～）、行政書士（杉並支部所属）

1961年東京板橋区生まれ。一橋大学社会学部卒業後、1984年日産自動車に新卒で入社、人事畑を25年間歩み続ける。2006年社命により日産自動車を退職し、全員が人事のプロ集団という関連会社に転籍。中高年のセカンドキャリアをサポートする部門の部長としてセカンドキャリア支援業務（出向・転籍・転職等）に従事。2011年所属する会社がM&Aにより外資系企業に買収され、それを契機に真剣に自分のセカンドキャリアを考え始める。2014年一度の転職経験のない状態から独立し、「リスタートサポート木村勝事務所」を開設。特定人材紹介会社に所属することなく、ニュートラルな立場でキャリア相談に精力的に取り組み、自分の会社の人事部には相談できないサラリーマンのキャリアの悩みに対して個人面談やセミナーなどを通じて支援している。また、30年間で培った知見をもとに独立後も企業内人事部に籍を置き、面接、研修などの人事業務サポートや日々発生する人事課題に対応する現役の人事マン（独立業務請負人）の顔を持つ。
著書に、『働けるうちは働きたい人のためにキャリアの教科書』（朝日新聞出版）、『知らないと後悔する定年後の働き方』（フォレスト出版）、『ミドルシニアのための日本版ライフシフト戦略』（WAVE出版、共著）がある。

会社を辞めたいと思った時に読む
セカンドキャリアの見つけ方

2023年７月28日　初版第１刷発行

著　者　木　村　　勝
発行者　延　對　寺　哲

発行所　株式会社ビジネス教育出版社

〒102-0074　東京都千代田区九段南4-7-13
TEL 03(3221)5361(代表)／FAX 03(3222)7878
E-mail ▶info@bks.co.jp　URL ▶https://www.bks.co.jp

印刷・製本／モリモト印刷株式会社
装丁／株式会社参画社
本文デザイン・DTP／株式会社明昌堂
落丁・乱丁はお取替えします。

ISBN 978-4-8283-1025-1